高等职业教育新形态创新型精品教材

社会调查方法

(活页式教材)

主　编　王　昆　张　玮
副主编　张　蕊　蔺广健
参　编　齐亚红　刘立莹
　　　　韦　伟　展恒波

北京理工大学出版社
BEIJING INSTITUTE OF TECHNOLOGY PRESS

版权专有　侵权必究

图书在版编目（CIP）数据

社会调查方法／王昆，张玮主编．--北京：北京理工大学出版社，2023.5
ISBN 978-7-5763-2436-5

Ⅰ．①社… Ⅱ．①王… ②张… Ⅲ．①社会调查-调查方法 Ⅳ．①C915

中国国家版本馆 CIP 数据核字（2023）第 096577 号

责任编辑：徐艳君	**文案编辑**：徐艳君
责任校对：周瑞红	**责任印制**：施胜娟

出版发行 /	北京理工大学出版社有限责任公司
社　　址 /	北京市丰台区四合庄路 6 号
邮　　编 /	100070
电　　话 /	（010）68914026（教材售后服务热线）
	（010）68944437（课件资源服务热线）
网　　址 /	http://www.bitpress.com.cn

版 印 次 /	2023 年 5 月第 1 版第 1 次印刷
印　　刷 /	河北盛世彩捷印刷有限公司
开　　本 /	787 mm×1092 mm　1/16
印　　张 /	11.25
字　　数 /	263 千字
定　　价 /	45.00 元

图书出现印装质量问题，请拨打售后服务热线，负责调换

前　言

党的二十大报告提出"治国有常，利民为本。为民造福是立党为公、执政为民的本质要求。必须坚持在发展中保障和改善民生，鼓励共同奋斗创造美好生活，不断实现人民对美好生活的向往。""紧紧抓住人民最关心最直接最现实的利益问题，坚持尽力而为、量力而行，深入群众、深入基层，采取更多惠民生、暖民心举措，着力解决好人民群众急难愁盼问题，健全基本公共服务体系，提高公共服务水平，增强均衡性和可及性，扎实推进共同富裕。"

中国是世界上开展社会调查最早的国家，也是世界上社会调查思想最睿智、社会调查史料最丰富的国家。早在3000多年前，夏、商两朝精英已把社会调查看作是治国安民的第二大法宝，《洪范九畴》中的敬用五事"貌、言、视、听、思"，即貌要恭谨、言要顺从、视要清楚、听要聪敏、思要通达，仅仅五个字就概括了有关社会调查态度、方法、过程和要求的主要内容，这既说明华夏先祖的高度智慧，又说明社会调查的极端重要，这是迄今所发现的关于社会调查的最古老和最简明的论述。

20世纪20年代到50年代，我国以陈达、李景汉、潘光旦、孙本文、吴文藻等人为代表的第一代中国社会学者展开了"通过怎样的方法研究中国社会"研讨，出现了"社会调查"与"社区研究"两派主张，前者以李景汉为代表，认为社会调查的作用是用科学方法调查研究社会的各种事实，然后根据事实讨论改造社会的方法，解决社会的问题。后者主要以吴文藻和他的学生为代表，提出"社区研究"的方法，社区研究主旨不在控制社会，而在了解社会。"社区"的边界并不固定，一村一镇、一市一省，甚至一国都可以成为一个"社区"。"社区研究"尽管跟"社会调查"一样看重社会事实，但其对"事实"的理解遵循的是一种文化视角，并不止于了解"事实"本身，还牵涉"事实"之间的关联。本书强调社会调查是实践性的活动，以面向现实、参与现实为目标，并且有强烈的实证方法论背景，其结果建立在明确的数据统计基础上，关注社会问题，参与社会问题研究，提出问题解决途径。

党的二十大报告提出，"深化教育领域综合改革，加强教材建设和管理，完善学校管理和教育评价体系，健全学校家庭社会育人机制。"本书编写以"学生中心、产出导向、持续改进"为基本理念，以"加强学生专业认知和提升社会调查基本能力"为出发点和落脚点，遵循学生成长成才规律，强化以学生的学习效果为导向，进行全方位、全过程评价，并将评价结果应用于教学改进，将职业教育理念融入教材编写全过程，结合社会调查方法和岗位特点，适度重构知识与技能编排形式，形成模块化体系，编制新型活页式教材。本书分为四个模块，即课程导入、社会调查准备、社会调查实施和社会调查研究，由大道致远、奋楫笃行、未雨绸缪、有备无患、爬罗剔抉、精挑细选、引经据典、旁征博引，目量意营、铢量寸度、明廉暗察、审势相机、井然有序、有条有理、盈千累万、星罗云布、逻辑严谨、有理有据等9个项目组成；分解为18个教学任务，由任务描述、学习目标、任务分析、知识链接、任务分组、自主探学、合作研学、展示赏学、任务实施、评价反馈等10个部分组成。学生通过扫描二维码学习线上微课程、动画、课件、文献等教学资源，通过线下学习完成各项任务工单和过程评价，达成课程素质、知识和技能目标，做到学有所思、学有所悟、学有所用。

本书由天津职业大学王昆、张玮担任主编，张蕊、蔺广健担任副主编，齐亚红、刘立莹、北京双高国际人力资本集团有限公司天津公司董事、总经理韦伟，中民聚康（天津）养老服务有限公司董事长展恒波参编。为方便教学，本书配备了电子课件等教学资源，凡选用本书作为教材的教师均可以登录北京理工大学出版社教育服务网免费下载。

在编写过程中，我们参考了许多同类教材和相关著作，在此，向这些教材与著作的作者表示衷心的感谢！我们是首次编写社会调查方法活页式教材，虽然我们在教材和电子教学资源中做了最大的努力，但我们深知，肯定还会存在很多不足的地方，真诚希望能够得到读者，特别是专家型读者、使用教材的师生给予我们的批评和指正！

编　者

目　录

模块一　课程导入 ··· 001
　　任务一　课程性质及定位认知 ··· 001
　　任务二　前后课程衔接及融通 ··· 001
模块二　社会调查准备 ··· 003
　项目一　大道致远、奋楫笃行 ·· 003
　　任务一　认识社会调查 ··· 003
　　任务二　选择调查课题 ··· 011
　项目二　未雨绸缪、有备无患 ·· 019
　　任务一　提出研究假设 ··· 019
　　任务二　设计调查方案 ··· 025
　项目三　爬罗剔抉、精挑细选 ·· 033
　　任务一　抽样与抽样程序 ·· 033
　　任务二　抽样方案的制订 ·· 042
模块三　社会调查实施 ··· 051
　项目一　引经据典、旁征博引 ·· 051
　　任务一　文献调查法的概述 ··· 051
　　任务二　文献的选择和整理 ··· 058
　项目二　目量意营、铢量寸度 ·· 065
　　任务一　操作化与指标设计 ··· 065
　　任务二　制作课题量表 ··· 072
　项目三　明廉暗察、审势相机 ·· 080
　　任务一　问卷法与访谈法 ·· 080
　　任务二　资料收集与调查组织实施 ·· 088
模块四　社会调查研究 ··· 109
　项目一　井然有序、有条有理 ·· 109
　　任务一　整理资料与资料审核 ·· 109
　　任务二　数据录入与数据清理 ·· 117
　项目二　盈千累万、星罗云布 ·· 125

任务一　单变量统计分析 …………………………………………… 125
　　任务二　双变量统计分析 …………………………………………… 136
　项目三　逻辑严谨、有理有据 ………………………………………… 146
　　任务一　认识调查报告 ……………………………………………… 146
　　任务二　调查报告的结构 …………………………………………… 154

参考文献 ……………………………………………………………………… 162
附　录 ………………………………………………………………………… 164
　附录A　标准正态分布 ………………………………………………… 164
　附录B　χ^2分布 …………………………………………………………… 166
　附录C　t分布 ……………………………………………………………… 168
　附录D　F分布 …………………………………………………………… 170

模块一 课程导入

任务一　课程性质及定位认知

本课程属于公共管理类专业基础课、社区管理与服务专业核心课、"社区治理"1+X证书考核要点支持课程，采用自填式问卷或结构式访问的方法，从取自总体的样本那里收集系统的、量化的资料，并通过对这些资料的统计分析来认识社会现象及其规律。社会调查方法在社会学中的地位和作用，也使社区管理与服务专业因其实证性而区别于其他许多公共管理类专业。

本课程深入落实党的二十大报告提出的"全面贯彻党的教育方针，落实立德树人根本任务，培养德智体美劳全面发展的社会主义建设者和接班人"要求，深化校企合作和岗课赛证融通，以社会调查的实际操作为主线，通过讲授社会调查方法的基本知识和方法技术，使学生了解选择调查课题、设计调查方案、制订抽样方案、文献调查法、社会现象测量、问卷法和调查资料收集、调查资料处理、资料统计与分析、撰写调查报告等，掌握以抽样调查技术为核心内容的现代社会调查方法，为学生能够实际完成调查研究工作打下良好的理论与技能基础，培养学生严密的逻辑推理思维和良好的学习习惯，提升学生社会调查的职业能力，使其能够了解社会、研究社会、认识社会、服务社会，提升学生对社会工作的认同感、获得感和幸福感。

任务二　前后课程衔接及融通

本课程的先修课程为社会工作基础、高等数学、信息基础，学生需要掌握社会工作理论基础知识、社会工作方法、概率统计知识、计算机文化基础等内容，为学习社会统计基础知识和技能方法打下基础。

本课程的后续课程为社会工作方法与实务、社区管理实务、老年社会工作。学生通过学习社会调查方法，提升社会调查和社会研究能力，为后续课程中掌握个案工作方法、小组工作法、社区工作方法，以及社会工作伦理及伦理困境处理方法、社区治理方法打下坚实基础。

模块二

社会调查准备

社会调查方法是人们认识社会，研究各类社会现象和社会问题的重要方法和技术，是一门具有方法性、综合性和实践性特点的学科。社会调查方法是人们从研究目的出发，在系统和全面地搜集有关社会现象或社会问题的经验材料基础上，通过对资料进行归纳分析，科学地阐明社会现象或社会问题及其规律性的认识活动及其理论方法体系。本模块包括大道致远、奋楫笃行，未雨绸缪、有备无患，爬罗剔抉、精挑细选等三个项目。

项目一　大道致远、奋楫笃行

社会调查方法是一门认识、了解社会的方法性课程。社会调查方法作为一种收集与处理社会信息的工具和一种认识与了解社会的手段，已经成为研究社会现象的主要方法之一。社会调查方法广泛应用于社会科学和各个工作部门，并在现代社会科学研究中占有越来越重要的地位。选择调查课题是一项社会调查活动的起点，是整个调查工作的第一步。调查课题一旦确定，整个调查活动的目标和方向也就随之确定。调查者必须熟练掌握选择调查课题的标准、途径和方法，以及课题明确化的方法，明晰调查所要说明或解决的社会问题。

任务一　认识社会调查

2.1.1.1　任务描述

"城市社区居家养老服务体系协同构建"课题组面向运营养老服务机构的企业进行调研，围绕企业对各类养老服务政策实施情况、享受到的政策补贴情况、提供的服务项目和内容情况、最受老年人欢迎的服务内容情况、企业运营综合能力情况、提供的适老化改造项目情况、执行标准情况、养老服务从业人员情况、养老服务项目质量评估情况、老年人对养老服务满意度情况等十大方面制订调查问卷，进行社会调查。请结合上述案例和调查内容，充分了解社会调查的概念、特点、应用领域以及一般程序。

2.1.1.2　学习目标

1. 素质目标

（1）培养践行社会主义核心价值观；
（2）培养以人为本、助人自助的专业理念；

（3）培养高度的责任心，正确处理与服务对象、同事、机构、专业及社会的关系。

2. 知识目标

（1）掌握社会调查的概念、特点、一般程序和应用领域；

（2）掌握社会调查和社会研究的关系；

（3）掌握社会调查的发展。

3. 能力目标

（1）能够运用社会调查方法分析社会问题和社会现象；

（2）能够采用社会调查一般程序进行社会调查；

（3）能够熟练宣讲社会调查发展史。

2.1.1.3 任务分析

1. 重点

（1）社会调查的特点和应用领域；

（2）社会调查的一般程序。

2. 难点

（1）社会调查和社会研究的关系；

（2）社会调查的一般程序。

微课视频：认识社会调查

2.1.1.4 知识链接

1. 认识社会调查

知识链接：认识社会调查

《关于在全党大兴调查研究的工作方案》强调："调查研究是我们党的传家宝。党的十八大以来，以习近平同志为核心的党中央高度重视调查研究工作，习近平总书记强调指出，调查研究是谋事之基、成事之道，没有调查就没有发言权，没有调查就没有决策权；正确的决策离不开调查研究，正确的贯彻落实同样也离不开调查研究；调查研究是获得真知灼见的源头活水，是做好工作的基本功；要在全党大兴调查研究之风。习近平总书记这些重要指示，深刻阐明了调查研究的极端重要性，为全党大兴调查研究、做好各项工作提供了根本遵循。"

社会调查又称社会调查研究，是指人们有目的、有意识地通过对社会现象的考察、了解、分析、研究，在系统和全面地搜集有关社会现象或社会问题的经验材料基础上，通过对资料进行归纳分析，科学地阐明社会现象或社会问题及其规律性的认识活动及其理论方法体系。社会调查包含选择调查课题、设计调查方案、制订抽样方案、文献调查、社会现象测量、问卷法和访谈法、调查资料收集、调查资料处理、资料统计与分析、撰写调查报告。

2. 社会调查的特点

社会调查是一种系统的、具有内在规律性的认识活动，从选择调查题目开始直到完成调查报告为止，整个社会调查过程都要遵循一定的结构和程序。社会调查在社会科学和各个工作部门得到了广泛应用，并在现代社会中占据越来越重要的地位。

（1）社会调查具有普遍调查和抽样调查两种子类型，社会调查大多采用通过调查部分来了解总体的抽样调查方式。

（2）社会调查内容广泛，既可以用于测量很简单的东西，也可以用于测量某种喜好或态度等比较复杂的问题。

（3）社会调查方法多样，可以采用问卷调查、当面访问等，但主要借助问卷作为工具或手段收集资料。

（4）社会调查需要的资料是直接从调查对象那里获取的第一手资料。

（5）社会调查是一个完整的社会研究类型，既包括资料的收集工作，又包括资料的分析工作。

（6）社会调查结果不能直接指示决定，虽然它是重要的决策参考依据，但并不等于准确地给出了决策答案。

3. 社会调查与社会研究的关系

社会研究具有四种具体的研究形式或研究类型，分别是调研研究、实验研究、实地研究和文献研究。

社会研究的基本方式

研究方式	子类型	资料收集方法	资料分析方法	研究性质
调查研究	普遍调查 抽样调查	统计报表 自填式问卷 结构式访问	统计分析	定量
实验研究	实地实验 实验室实验	自填式问卷 结构式访问 结构式观察 量表测量	统计分析	定量
实地研究	参与观察 个案研究	无结构观察 无结构访问	定性分析	定性
文献研究	统计资料分析 二次分析 内容分析 历史比较分析	官方统计资料 他人原始数据 文字声像文献 历史文献	统计分析	定量/定性

4. 社会调查的应用领域

（1）行政统计调查。

（2）生活状况调查。

（3）社会问题调查。

（4）市场调查。

（5）民意调查。

（6）研究性调查。

5. 社会调查一般程序

（1）选题阶段。

（2）准备阶段。

（3）实施阶段。

（4）分析阶段。

（5）总结阶段。
6. 我国社会调查研究的发展
（1）古代的社会调查研究。
（2）近代的社会调查研究。
（3）现代的社会调查研究。

2.1.1.5 任务分组

学生分组表

班级		组号		授课教师	
组长		学号			
组员	姓名	学号		姓名	学号

2.1.1.6 自主探学

任务工单1

组号：_____ 姓名：_____ 学号：_____ 检索号： 2116-1

引导问题：

（1）社会调查的内涵和特点是什么？
_____
_____

（2）社会调查有哪些应用领域？
_____
_____
_____

（3）社会调查和社会研究的关系是什么？
_____
_____
_____
_____

任务工单2

组号：_____ 姓名：_____ 学号：_____ 检索号： 2116-2

引导问题：

（1）结合一次社会调查活动说明社会调查的一般程序。

(2) 结合一次社会调查活动说明社会调查的作用。

(3) 简要说明社会调查的发展历程。

2.1.1.7　合作研学

任务工单 1

组号：_____　　姓名：_____　　学号：_____　　检索号：　2117-1

引导问题：

小组讨论，教师参与，确定任务工单 2116-1、2116-2 的最优答案，并反思自己存在的不足。

2.1.1.8　展示赏学

任务工单 1

组号：_____　　姓名：_____　　学号：_____　　检索号：　2118-1

引导问题：

每组推荐 1 个组长（或代表）进行汇报，根据汇报情况再次反思自己的不足。

2.1.1.9　任务实施

任务工单 1

组号：_____　　姓名：_____　　学号：_____　　检索号：　2119-1

引导问题：

（1）请结合任务描述中的案例，说明社会调查的内涵、特点、应用领域和一般程序。先扫二维码，观看认识社会调查演示。

（2）操作结果评价。

情景在线：认识社会调查

操作结果评价表

班级		组名		日期	
序号	评价指标	分数	评级标准		得分
1	能够结合任务描述中的案例，说明社会调查的内涵和特点	45分	能讲明社会调查的内涵（15分）		
			能讲明案例中呈现出的社会调查的特点（15分）		
			能讲明案例中采用的社会调查方法（15分）		
2	能够结合任务描述中的案例，说明社会调查的应用领域	30分	说明属于哪一领域的社会调查（15分）		
			说明要进行的调查内容（15分）		
3	能够结合任务描述中的案例，说明社会调查一般程序、社会调查与社会研究的关系	25分	说明社会调查的一般程序（10分）		
			说明社会调查和社会研究的关系（15分）		
合计		100分	自评分		

2.1.1.10 评价反馈

任务工单1

组号：_____ 姓名：_____ 学号：_____ 检索号：21110-1

自我评价表

班级		组名		日期	
评价指标	评价内容			分数	得分
信息收集能力	能有效利用网络、图书资源查找有用的相关信息，能将查到的信息有效地传递到学习中			10分	
感知课堂生活	能在学习中获得满足感，认同课堂生活			10分	
参与态度沟通能力	积极主动与教师、同学交流，相互尊重、理解、平等；与教师、同学之间能够保持多向、丰富、适宜的信息交流			10分	
	能处理好合作学习和独立思考的关系，做到有效学习；能提出有意义的问题或能发表个人见解			10分	
知识能力掌握情况	能陈述社会调查的内涵和特点			5分	
	能陈述社会调查的应用领域			5分	
	能陈述社会调查和社会研究的关系			5分	
	能陈述社会调查的一般程序			10分	
	能陈述社会调查的作用			5分	
	能陈述社会调查的发展历程			10分	

续表

评价指标	评价内容	分数	得分
辩证思维	能发现问题、提出问题、分析问题、解决问题、创新问题	10 分	
自我反思	按时保质完成任务，较好地掌握了知识点，具有较为全面严谨的思维能力，并能条理清楚地表达成文	10 分	
自评分数等级	优：90~100 分；良：80~89 分；中：70~79 分；及格：60~69 分		
自我反思			

任务工单 2

组号：_____ 姓名：_____ 学号：_____ 检索号：__21110-2__

组内互评验收表

验收组长		组名		日期	
组内验收成员					
任务要求	能陈述社会调查的内涵和特点；能陈述社会调查的应用领域；能陈述社会调查和社会研究的关系；能陈述社会调查的一般程序；能陈述社会调查的作用；能陈述社会调查的发展历程；文献检索数满足要求				
验收文档清单	被验收者的 2116-1、2116-2、2119-1 任务工单				
	文献检索清单				
验收评分	评价标准		分数		得分
	能陈述社会调查的内涵和特点		20 分		
	能陈述社会调查的应用领域		20 分		
	能陈述社会调查和社会研究的关系		10 分		
	能陈述社会调查的一般程序		20 分		
	能陈述社会调查的作用		10 分		
	能陈述社会调查的发展历程		10 分		
	提供文献检索清单，不少于 10 项，缺 1 项扣 1 分		10 分		
评价分数					
小组反思					

任务工单 3

组号：_____ 姓名：_____ 学号：_____ 检索号：__21110-3__

组间互评表

班级		被评组名		日期	
评价指标	评价内容			分数	得分
汇报表述	表述准确			15 分	
	语言流畅			15 分	
	准确反映该组完成情况			10 分	
内容正确度	内容正确			30 分	
	句型表达到位			30 分	
互评分数					
简要评述					

任务工单 4

组号：_____ 姓名：_____ 学号：_____ 检索号：__21110-4__

任务完成情况评价表

任务名称			总得分		
评价依据	学生完成的所有任务工单				
序号	任务内容及要求	分数	评分标准	教师评价	
				结论	得分
1	社会调查的内涵和特点	描述正确	5 分	酌情赋分	
		语言流畅	5 分	酌情赋分	
2	社会调查的应用领域	描述正确	5 分	酌情赋分	
		语言流畅	5 分	酌情赋分	
3	社会调查和社会研究的关系	描述正确	5 分	酌情赋分	
		语言流畅	5 分	酌情赋分	
4	社会调查的一般程序	描述正确	5 分	酌情赋分	
		语言流畅	5 分	酌情赋分	
5	社会调查的作用	描述正确	10 分	酌情赋分	
		语言流畅	10 分	酌情赋分	
6	社会调查的发展历程	描述正确	10 分	酌情赋分	
		语言流畅	10 分	酌情赋分	
7	提供文献检索清单	描述正确	5 分	酌情赋分	
		语言流畅	5 分	酌情赋分	

续表

序号	任务内容及要求		分数	评分标准	教师评价	
					结论	得分
8	素质素养评价	沟通交流	10分	酌情赋分，但违反课堂纪律，不听从组长、教师安排，不得分		
		团队合作				
		课堂纪律				
		合作探学				
		自主研学				
		严谨谨慎				
		客观公正				
		实事求是				

任务二　选择调查课题

2.1.2.1　任务描述

探索社会公众应急救援反馈机制，最大化发挥公众参与效用，有效缓解相关应急管理部门执行压力，并形成稳定充足的志愿者应急救援团队以及建立完善的社会志愿者力量参与应急救援模式。①成立一支不少于20人的志愿者应急救援队伍；②开展不少于10次的应急救援培训工作；③配合有关部门开展不少于5次紧急救援或紧急疏散等演练行动；④每月至少1次配合相关部门开展应急救援预案工作，包括但不限于消防巡查、内涝巡查等；⑤配合相关部门进行事故后人员维稳以及心理疏导工作等；⑥形成社会志愿者力量参与应急救援模式以及可行性分析报告。

为以上活动做一次社会调查，选择和明确调查课题。

2.1.2.2　学习目标

1. 素质目标

（1）培养奉献、友爱、互助、进步的社会志愿服务精神；

（2）培养救人于水火、救人于危难的应急救援意识；

（3）培养坚持实事求是、科学严谨的调查态度和查实情、说实话、报实数的调查工作作风。

2. 知识目标

（1）掌握选择调查课题的标准、途径和方法；

（2）掌握调查课题明确化的方法。

3. 能力目标

（1）能够运用选择调查课题的标准和方法完成选题分析工作；

（2）能够采用团队合作、头脑风暴等方式进行调查课题明确化；

（3）能够熟练使用查阅文献等方法。

2.1.2.3 任务分析

1. 重点

（1）选择课题的标准和方法；
（2）调研课题明确化的方法。

2. 难点

（1）选择课题的标准和方法；
（2）调研课题明确化的方法。

微课视频：选择调查课题

2.1.2.4 知识链接

知识链接：选择调查课题

1. 选择调查课题的意义

一项具体的社会调查始于对调查课题的选择，调查课题说明了一项调查所要解答的具体问题，它是调查任务的明确化。选择调查课题是调查者进行社会调查所要做的一个决定，也是最重要的一个决定，它在整个社会调查过程中有着十分重要的意义。

（1）选择调查课题决定了调查研究的价值。
（2）选择调查课题决定了调查研究的方向。
（3）选择调查课题制约着调查全过程。

此外，调查课题的选择会影响调查的质量。选择调查课题对于从事这一课题的研究者来说是否合适、是否可行，是决定整个调查成败的关键，也是影响调查质量的一个很重要方面。

2. 选择调查课题的基本步骤

一般来说，我们可以遵循以下步骤进行调查课题的选择：

（1）研究主题的选择与分析。
（2）研究问题的选择与调查课题的确定。
（3）调查课题的论证。

3. 选择调查课题的标准

调查课题的确立，就意味着社会调查的路径要求不同，主要体现在社会调查过程中的对象选择、内容选择、方法选择、规模确定、方案设计等方面不同。关于选题的好坏与否，常常用以下 4 条标准进行衡量。

（1）重要性。即调查课题所具有的意义和价值，也就是一项研究课题所具有的用途。
（2）创新性。也可称为创造性或独特性，即调查课题所具有的与众不同的地方。
（3）可行性。即课题实现的可能性，是否具备进行或完成调查课题的主客观条件。
（4）适合性。即所选择的调查课题应适合研究者的个人特点。

4. 选择调查课题的方法

在现实社会生活中，存在着大量尚未解决的重大社会问题和众多一般问题。为了从众多可供选择的研究现象和问题中确定一个合适的调查课题，可以从以下几个具体途径或来源进行思考。

（1）从现实生活中寻找。
（2）从个人经历中寻找。

(3) 从相关文献中寻找。
(4) 从感兴趣的领域中寻找。
(5) 从以前的研究中寻找。
(6) 向其他人征询有益的建议。

5. 调查课题明确化

(1) 缩小问题的内容范围。
(2) 清楚明确地陈述调查问题。

2.1.2.5 任务分组

学生分组表

班级		组号		授课教师	
组长		学号			
组员	姓名	学号		姓名	学号

2.1.2.6 自主探学

任务工单1

组号：_____ 姓名：_____ 学号：_____ 检索号：__2126-1__

引导问题：

(1) 对于任务描述中的案例，选择调查课题的目的是什么？

_____
_____

(2) 按照选择调查课题标准进行选题应注意什么？

_____
_____

(3) 对于任务描述中的案例，选择调查课题的途径和发现问题的方法是什么？

_____
_____
_____

任务工单 2

组号：_____ 姓名：_____ 学号：_____ 检索号：__2126-2__

引导问题：

（1）对于任务描述中的案例，调查课题明确化的方法是什么？

_____
_____

（2）查阅中国知网等权威数据库，检索任务描述中案例的课题关键词，浏览相关文献，在众多研究文献中归类主要有几个方面的研究和观点。

_____
_____
_____
_____

（3）对任务描述中案例的调查课题按照选题标准进行分析。

_____
_____
_____
_____

2.1.2.7 合作研学

任务工单 1

组号：_____ 姓名：_____ 学号：_____ 检索号：__2127-1__

引导问题：

小组讨论，教师参与，确定任务工单 2126-1、2126-2 的最优答案，并反思自己存在的不足。

_____
_____
_____
_____

2.1.2.8 展示赏学

任务工单 1

组号：_____ 姓名：_____ 学号：_____ 检索号：__2128-1__

引导问题：

每组推荐 1 个组长（或代表）进行汇报，根据汇报情况再次反思自己的不足。

_____
_____
_____
_____

2.1.2.9 任务实施

任务工单1

组号：_____ 姓名：_____ 学号：_____ 检索号：2129-1

引导问题：

（1）请结合任务描述中的案例，完成选择调查课题，并进行课题明确化。先扫二维码，观看选择调查课题演示。

（2）操作结果评价。

情景在线：选择调查课题

操作结果评价表

班级		组名		日期	
序号	评价指标	分数	评级标准		得分
1	能够根据选题标准选择合适的调查课题	40分	选题能够满足重要性（10分）		
			选题能够满足创新性（10分）		
			选题能够满足可行性（10分）		
			选题能够满足适合性（10分）		
2	会使用文献查阅工具查阅相关文献	20分	使用数字文献查阅工具（10分）		
			查阅的文献满足调查课题需要（10分）		
3	对选定的调查课题能够明确化	40分	能够通过查阅文献对相关概念进行界定（15分）		
			能够通过文献查阅清楚陈述调查课题（10分）		
			能够运用变量语言表达调查课题（15分）		
合计		100分	自评分		

2.1.2.10 评价反馈

任务工单1

组号：_____ 姓名：_____ 学号：_____ 检索号：21210-1

自我评价表

班级		组名		日期	
评价指标	评价内容			分数	得分
信息收集能力	能有效利用网络、图书资源查找有用的相关信息，能将查到的信息有效地传递到学习中			10分	
感知课堂生活	能在学习中获得满足感，认同课堂生活			10分	

续表

评价指标	评价内容	分数	得分
参与态度 沟通能力	积极主动与教师、同学交流，相互尊重、理解、平等；与教师、同学之间能够保持多向、丰富、适宜的信息交流	10分	
	能处理好合作学习和独立思考的关系，做到有效学习；能提出有意义的问题或能发表个人见解	10分	
知识能力 掌握情况	能陈述选题调查课题的目的	5分	
	能陈述按照选择调查课题标准进行选题应注意的事项	5分	
	能陈述选择调查课题的途径和发现问题的方法	5分	
	能陈述调查课题明确化的方法	5分	
	能查阅中国知网等权威数据库，浏览相关文献，在众多研究文献中归类主要有几个方面的研究和观点	10分	
	能对任务描述中案例的调查课题按照选题标准进行分析	10分	
辩证思维	能发现问题、提出问题、分析问题、解决问题、创新问题	10分	
自我反思	按时保质完成任务，较好地掌握了知识点，具有较为全面严谨的思维能力，并能条理清楚地表达成文	10分	
自评分数等级	优：90~100分；良：80~89分；中：70~79分；及格：60~69分。		
自我反思			

任务工单2

组号：_____ **姓名：**_____ **学号：**_____ **检索号：** 21210-2

组内互评验收表

验收组长		组名		日期	
组内验收成员					
任务要求	能陈述选题调查课题的目的；能陈述按照选择调查课题标准进行选题应注意的事项；能陈述选择调查课题的途径和发现问题的方法；能陈述调查课题明确化的方法；能查阅中国知网等权威数据库，浏览相关文献，在众多研究文献中归类主要有几个方面的研究和观点；能对任务描述中案例的调查课题按照选题标准进行分析；文献检索数满足要求				
验收文档清单	被验收者的2126-1、2126-2、2129-1任务工单				
	文献检索清单				

续表

验收组长		组名		日期	
验收评分	评价标准			分数	得分
	能陈述选题调查课题的目的			10分	
	能陈述按照选择调查课题标准进行选题应注意的事项			10分	
	能陈述选择调查课题的途径和发现问题的方法			10分	
	能陈述调查课题明确化的方法			10分	
	能查阅中国知网等权威数据库，浏览相关文献，在众多研究文献中归类主要有几个方面的研究和观点			20分	
	能对任务描述中案例的调查课题按照选题标准进行分析			30分	
	提供文献检索清单，不少于10项，缺1项扣1分			10分	
评价分数					
小组反思					

任务工单3

组号：_____ 姓名：_____ 学号：_____ 检索号：21210-3

组间互评表

班级		被评组名		日期	
评价指标	评价内容			分数	得分
汇报表述	表述准确			15分	
	语言流畅			10分	
	准确反映该组完成情况			15分	
内容正确度	内容正确			30分	
	句型表达到位			30分	
互评分数					
简要评述					

任务工单4

组号：_____ 姓名：_____ 学号：_____ 检索号：__21210-4__

任务完成情况评价表

任务名称				总得分		
评价依据	学生完成的所有任务工单					
序号	任务内容及要求		分数	评分标准	教师评价	
					结论	得分
1	选题目的	描述正确	5分	酌情赋分		
		语言流畅	5分	酌情赋分		
2	选题注意事项	描述正确	5分	酌情赋分		
		语言流畅	5分	酌情赋分		
3	选题途径和发现问题方法	描述正确	5分	酌情赋分		
		语言流畅	5分	酌情赋分		
4	调查课题明确化方法	描述正确	5分	酌情赋分		
		语言流畅	5分	酌情赋分		
5	查阅文献，归类主要研究观点	描述正确	10分	酌情赋分		
		语言流畅	10分	酌情赋分		
6	按选题标准进行分析	描述正确	10分	酌情赋分		
		语言流畅	10分	酌情赋分		
7	提供文献检索清单	描述正确	5分	酌情赋分		
		语言流畅	5分	酌情赋分		
8	素质素养评价	沟通交流	10分	酌情赋分，但违反课堂纪律，不听从组长、教师安排，不得分		
		团队合作				
		课堂纪律				
		合作探学				
		自主研学				
		志愿服务				
		科学严谨				
		实事求是				

项目二 未雨绸缪、有备无患

为了确保实现社会调查的目的，保障调查项目的顺利开展，项目组在确定好调查主题之后、在调查项目实际开展之前，需要确定此次调查的研究假设、调查的人员安排和调查的流程等重要事项，并且需要对如何开展调查项目进行较为充分的准备，这一准备工作主要包括提出研究假设、设计调查方案。课题组预先做好充分准备，确保达成社会调查项目的目标。

任务一 提出研究假设

2.2.1.1 任务描述

小丽作为社工专业的大学生，在一次专业社团活动中负责组织社区老年人练习"八段锦"。在活动中，老年人展现出的精神面貌以及多才多艺让小丽大为震撼。小丽在活动中与老年人深入交流，得知参加社区活动的老年人年纪大多为70岁及以下，身体健康程度较好，有继续学习和工作的意愿。活动结束后，小丽回到学校不禁思考：如何让老年人发挥余热呢？为了进一步详细了解情况，小丽查找了相关资料：

人民网2021年10月21日刊登了一篇题为《2.64亿！老年人力资源如何开发？》的文章：第七次全国人口普查数据显示，过去10年，我国人口老龄化程度进一步加深，60岁及以上人口为2.64亿，比重达到18.70%。根据相关预测，"十四五"期间，全国老年人口将突破3亿。老年人力资源又被称为"银发资源"，主体是指在退休后仍有继续工作意愿和能力的人。普查数据显示，我国60岁到69岁的低龄老年人口占60岁及以上老年人口的55.83%。

2021年4月8日刊登在《中国日报网》上题为《中国日报网评：开发中老年人力资源是积极应对老龄化的重要举措》的文章：我国城镇职工退休人员重返劳动力市场的比例很低。按照中国社会科学院最近开展的中国城市劳动力抽样调查显示，城镇退休人员实际办理退休手续的平均年龄为53岁，大部分尚未进入老年阶段，但退休人员劳动参与率仅有4.2%，其中男性为4.9%，女性为3.7%，而65岁及以上老年人劳动参与率仅有1.8%。

由此，小丽得知，不但参与此次活动的老年人有再就业的需求，其实全国范围内很多老年人都有再就业的可能。那实际再就业的老年人数比例不高的原因又是什么呢？小丽就此展开一项专门的社会调查。

2.2.1.2 学习目标

1. 素质目标

（1）培养吃苦耐劳、严谨细致的职业素养；
（2）培养客观公正、实事求是的职业态度；
（3）培养精益求精、精雕细琢的职业精神。

2. 知识目标

（1）掌握研究假设的相关概念；

（2）掌握提出研究假设的注意事项；

（3）理解提出研究假设的重要意义。

3. 能力目标

（1）能够根据调查项目的需求提出合理的研究假设；

（2）能够正确表述研究假设。

2.2.1.3 任务分析

1. 重点

根据调查项目的实际情况，恰当地提出研究假设。

2. 难点

掌握提出研究假设的注意事项。

微课视频：提出研究假设

2.2.1.4 知识链接

1. 什么是研究假设

研究假设，是指在实际调查开始之前，根据目前已经查阅到的资料和收集到的信息，针对调查主题预先提出的结论性推测。当然，此时提出的研究假设不需要非常精准或正确，这个推测的准确性有待通过后续的社会调查进行充分验证或调整。

知识链接：提出研究假设

2. 提出研究假设的注意事项

（1）不得违背事实。研究假设虽然是没有经过验证的初步设想，但是也不能天马行空，甚至与既定事实相违背。

（2）研究假设要有依据。社会调查的研究假设，不是调查人员凭空想象出来的，而应该是在大量检索、阅读相关资料和前期走访调查之后，由依据得出来的。

（3）并非所有的社会调查都需要提出研究假设。研究假设主要是在实际调查之前针对调查中的因果关系进行合理性预测。

3. 研究假设的主要表达形式

研究假设的表达形式有不同种类，包括条件式、函数式、差异性表达形式等。

2.2.1.5 任务分组

学生分组表

班级		组号		授课教师	
组长		学号			
组员	姓名		学号	姓名	学号

2.2.1.6 自主探学

任务工单1

组号：_____ 姓名：_____ 学号：_____ 检索号：__2216-1__

引导问题：

(1) 任务描述的案例中提出研究假设的意义是什么？

_____
_____

(2) 任务描述的案例中调查课题的研究假设是什么？

_____
_____
_____

(3) 结合任务描述中的案例，说明提出研究假设需要注意哪些事项。

_____
_____
_____
_____

任务工单2

组号：_____ 姓名：_____ 学号：_____ 检索号：__2216-2__

引导问题：

(1) 任务描述的案例中社会调查的研究假设应该如何表述？

_____
_____
_____

(2) 结合任务描述中的案例，说明提出研究假设还需要补充哪些资料。

_____
_____
_____

(3) 请举例说明不需要提出研究假设的调研项目。

_____
_____
_____

2.2.1.7　合作研学

任务工单1

组号：_____　姓名：_____　学号：_____　检索号：__2217-1__

引导问题：

小组讨论，教师参与，确定任务工单2216-1、2216-2的最优答案，并反思自己存在的不足。

_____
_____
_____
_____

2.2.1.8　展示赏学

任务工单1

组号：_____　姓名：_____　学号：_____　检索号：__2218-1__

引导问题：

每组推荐1个组长（或代表）进行汇报，根据汇报情况再次反思自己的不足。

_____
_____
_____
_____

2.2.1.9　任务实施

任务工单1

组号：_____　姓名：_____　学号：_____　检索号：__2219-1__

引导问题：

（1）请针对任务描述中的案例提出研究假设。先扫二维码，观看提出研究假设的注意事项。

（2）操作结果评价。

情景在线：提出研究假设

操作结果评价表

班级		组名		日期	
序号	评价指标	分数	评级标准		得分
1	能够准确知晓哪些类型的社会调查需要提出研究假设	35分	对研究假设的认知准确（15分）		
			符合提出研究假设的具体要求（20分）		
2	结合任务描述中案例的具体情况和调查要求、目标等实际情况，提出研究假设	40分	与案例紧密结合，满足案例需求（20分）		
			研究假设提出合理（20分）		

续表

序号	评价指标	分数	评级标准	得分
3	结合任务描述中案例的研究假设进行准确性验证	25 分	与事实基本相符（5 分） 有充分的文献依据（10 分） 有翔实的实践依据（10 分）	
	合计	100 分	自评分	

2.2.1.10 评价反馈

任务工单 1

组号：_____ 姓名：_____ 学号：_____ 检索号：22110-1

自我评价表

班级		组名		日期	
评价指标	评价内容			分数	得分
资料收集能力	能有效利用网络等各个渠道查找相关资源，应用于学习中			10 分	
感知课堂生活	能在学习中获得满足感，认同课堂生活			10 分	
参与态度沟通能力	与教师、同学积极交流，相互尊重、理解、平等；与教师、同学之间能够保持多向、丰富、适宜的信息交流			10 分	
	能处理好合作学习和独立思考的关系，做到有效学习；能提出有意义的问题或发表个人见解			10 分	
知识能力掌握与应用情况	能陈述提出研究假设的意义			5 分	
	能陈述研究假设的内容			5 分	
	能陈述提出研究假设的注意事项			5 分	
	能结合任务描述中的案例，陈述提出研究假设需要补充的资料			5 分	
	能陈述任务描述中案例项目的研究假设			10 分	
	能陈述不需要提出研究假设的项目			10 分	
辩证思维	能发现问题、提出问题、分析问题、解决问题、创新思考			10 分	
自我反思	按时保质完成课程任务，较好地掌握知识点，具有较为全面严谨的思维能力，并能条理清楚地表达成文			10 分	
自评分数等级	优：90~100 分；良：80~89 分；中：70~79 分；及格：60~69 分				
自我反思					

任务工单 2

组号：_____ 姓名：_____ 学号：_____ 检索号：22110-2

组内互评验收表

验收组长		组名		日期	
组内验收成员					
任务要求	能陈述提出研究假设的意义；能陈述研究假设的内容；能陈述提出研究假设的注意事项；能结合任务描述中的案例，陈述提出研究假设需要补充的资料；能陈述任务描述中案例项目的研究假设；能陈述不需要提出研究假设的项目；文献检索数满足要求				
验收文档清单	被验收者的 2216-1、2216-2、2219-1 任务工单				
	研究假设内容清单				
验收评分	评价标准			分数	得分
	能陈述提出研究假设的意义			10 分	
	能陈述研究假设的内容			20 分	
	能陈述提出研究假设的注意事项			20 分	
	能结合任务描述中的案例，陈述提出研究假设需要补充的资料			20 分	
	能陈述任务描述中案例项目的研究假设			10 分	
	能陈述不需要提出研究假设的项目			10 分	
	提供文献检索清单，不少于 10 项，缺 1 项扣 1 分			10 分	
评价分数					
小组反思					

任务工单 3

组号：_____ 姓名：_____ 学号：_____ 检索号：22110-3

组间互评表

班级		被评组名		日期	
评价指标	评价内容			分数	得分
汇报表述	表述准确			15 分	
	语言流畅			10 分	
	准确反映该组完成情况			15 分	
内容正确度	内容正确			30 分	
	句型表达准确			30 分	
互评分数					
简要评述					

任务工单 4

组号：_____ 姓名：_____ 学号：_____ 检索号：22110-4

任务完成情况评价表

任务名称			总得分		
评价依据		学生完成的所有任务工单			
序号	任务内容及要求		分数	评分标准	教师评价
					结论	得分
1	提出研究假设的意义	（1）描述正确	5 分	酌情赋分		
		（2）语言流畅	5 分	酌情赋分		
2	提出研究假设的内容	描述正确	5 分	酌情赋分		
		语言流畅	5 分	酌情赋分		
3	提出研究假设的注意事项	描述正确	5 分	酌情赋分		
		语言流畅	5 分	酌情赋分		
4	提出任务描述中案例项目研究假设需要补充的资料	描述正确	5 分	酌情赋分		
		语言流畅	5 分	酌情赋分		
5	提出任务描述中案例项目的研究假设	描述正确	10 分	酌情赋分		
		语言流畅	10 分	酌情赋分		
6	不需要提出研究假设的项目	描述正确	10 分	酌情赋分		
		语言流畅	10 分	酌情赋分		
7	提供文献检索清单	描述正确	5 分	酌情赋分		
		语言流畅	5 分	酌情赋分		
8	素质素养评价	沟通交流	10 分	酌情赋分，但违反课堂纪律、不听从组长、教师安排，不得分		
		团队合作				
		课堂纪律				
		合作探学				
		自主研学				
		严谨细致				
		客观公正				
		实事求是				

任务二 设计调查方案

2.2.2.1 任务描述

近年来，某地方高度重视失独家庭的关爱帮扶工作，先后出台了多项措施对失独家庭实施帮扶救助。爱暖暮光是一个公益组织，专注于关爱失独老年人这一特殊群体。通过前期了解，调查区域内失独家庭共计100人，失独老年人的心理、养老、就医等多方面均需要特别帮助，爱暖暮光拟决定对区域内失独老年人进行一次针对性的深入调查，切实了解区域内失独老年人的实际需求，有针对性地开展帮扶活动。

为了更好地完成这次调查活动，全面、真实地了解区域内失独老年人的切实需求，在调查项目实施之前，项目组需要进行调查方案的设计。

2.2.2.2　学习目标

1. 素质目标

（1）培养吃苦耐劳、严谨细致的职业素养；
（2）培养客观公正、实事求是的职业态度；
（3）培养精益求精、精雕细琢的职业精神。

2. 知识目标

（1）掌握调查目的、分析单位等相关概念的正确示意；
（2）掌握调查方案设计的框架、内容和注意事项；
（3）掌握调查方案设计准备工作的重要意义。

3. 能力目标

（1）能够根据调查项目需求完成调查方案设计前的准备工作；
（2）能够在调查方案设计中避免错误操作；
（3）能够根据调查项目需求制订调查方案。

2.2.2.3　任务分析

1. 重点

（1）调查方案设计前需要完成的准备事项；
（2）避免调查方案设计中的误区；
（3）根据调查项目的实际情况，设计调查方案。

微课视频：设计调查方案

2. 难点

（1）调查方案设计前需要完成的准备事项；
（2）避免调查方案设计中的误区；
（3）根据调查项目的实际情况，设计调查方案。

知识链接：设计调查方案

2.2.2.4　知识链接

1. 设计调查方案的意义

古语道："凡事预则立，不预则废"。在实际开展社会调查之前，要对此次社会调查的全部流程和内容进行较为详细的计划，以保证社会调查顺利完成，并且保证调查质量，实现调查预期目标。

2. 如何设计社会调查方案

（1）设计社会调查方案的原则：
①可行性原则。

②内容全面原则。
③适度弹性原则。
④及时性原则。

（2）调查方案的内容。社会调查方案主要包括以下几方面的内容：

①明确调查目的。社会调查方案应该开宗明义，首先写明本次社会调查的目的。

②确定调查对象。所谓调查对象，就是调查"谁"，也可以称之为"分析单位"。

③确定调查方法。调查方法主要指的就是收集调查数据的方法，常见的社会调查方法有观察法、访谈法和问卷法。

④确定调查进度。社会调查及时性的保障主要体现在合理安排调查进度。

⑤调查小组人员组成以及培训。

⑥确定调查的经费计划。

调查方案可以根据社会调查项目的实际情况进行内容调整，比如有的调查方案会写明抽样方案、调查问卷、数据分析工具等内容。

2.2.2.5 任务分组

学生分组表

班级		组号		授课教师	
组长		学号			
组员	姓名		学号	姓名	学号

2.2.2.6 自主探学

任务工单1

组号：＿＿＿＿　**姓名：**＿＿＿＿　**学号：**＿＿＿＿　**检索号：** 2226-1

引导问题：

（1）对于任务描述中的案例，设计调查方案的意义是什么？

_____

_____

（2）对于任务描述中的案例，调查的分析单位是什么？

_____

_____

(3) 为任务描述中的案例设计调查方案时,如何避免出现研究对象的错误推理?

任务工单 2

组号:_____ 姓名:_____ 学号:_____ 检索号:__2226-2__

引导问题:

(1) 在任务描述的案例中,爱暖暮光项目的调查目的是什么?

(2) 在任务描述的案例中,爱暖暮光项目更适合使用什么调查方法?

(3) 为什么需要在调查开始之前确定经费总额和支出明细?

2.2.2.7 合作研学

任务工单 1

组号:_____ 姓名:_____ 学号:_____ 检索号:__2227-1__

引导问题:

小组讨论,教师参与,确定任务工单 2226-1、2226-2 的最优答案,并反思自己存在的不足。

2.2.2.8 展示赏学

任务工单1

组号：_____ 姓名：_____ 学号：_____ 检索号：__2228-1__

引导问题：

每组推荐1个组长（或代表）进行汇报，根据汇报情况再次反思自己的不足。

_____
_____
_____
_____

2.2.2.9 任务实施

任务工单1

组号：_____ 姓名：_____ 学号：_____ 检索号：__2229-1__

引导问题：

（1）请结合任务描述中的案例，完成调查方案的设计。先扫二维码，观看设计调查方案的注意事项。

（2）操作结果评价。

情景在线：设计调查方案

操作结果评价表

班级			组名		日期	
序号	评价指标	分数	评级标准			得分
1	能够准确知晓调查方案所涉及的概念理论和设计要求	40分	调查方案中所涉及的概念和理论准确（20分）			
			设计调查方案的具体要求清晰准确（20分）			
2	结合任务描述中案例的具体情况、要求和目标等，设计调查方案	40分	与案例紧密结合，满足案例需求（20分）			
			调查方案内容全面、人员安排合理（20分）			
3	结合任务描述中的案例进行调查方案可行性验证	20分	调查目的、调查对象、调查方法、调查进度、调查人员安排、经费计划等各部分结构比较完整（10分）			
			以上各部分内容比较充实（10分）			
合计		100分	自评分			

2.2.2.10 评价反馈

任务工单1

组号：_____ 姓名：_____ 学号：_____ 检索号：22210-1

自我评价表

班级		组名		日期	
评价指标	评价内容			分数	得分
资料收集能力	能有效利用网络等各个渠道查找相关资源，应用于学习中			10分	
感知课堂生活	能在学习中获得满足感，认同课堂生活			10分	
参与态度沟通能力	与教师、同学积极交流，相互尊重、理解、平等；与教师、同学之间能够保持多向、丰富、适宜的信息交流			10分	
	能处理好合作学习和独立思考的关系，做到有效学习；能提出有意义的问题或发表个人见解			10分	
知识能力掌握与应用情况	能陈述设计调查方案的意义			5分	
	能陈述调查方案中的分析单位			5分	
	能陈述常见的错误推理			5分	
	能陈述设计调查方案的目的			5分	
	能陈述任务描述中案例的调查方法			10分	
	能陈述任务描述中案例的调查经费项目和大概金额			10分	
辩证思维	能发现问题、提出问题、分析问题、解决问题、创新思考			10分	
自我反思	按时保质完成课程任务，较好地掌握知识点，具有较为全面严谨的思维能力，并能条理清楚地表达成文			10分	
自评分数等级	优：90~100分；良：80~89分；中：70~79分；及格：60~69分				
自我反思					

任务工单2

组号：_____ 姓名：_____ 学号：_____ 检索号：22210-2

组内互评验收表

验收组长		组名		日期	
组内验收成员					
任务要求	能陈述设计调查方案的意义；能陈述调查方案中的分析单位；能陈述常见的错误推理；能陈述设计调查方案的目的；能陈述任务描述中案例的调查方法；能陈述任务描述中案例的调查经费项目和大概金额；文献检索数满足要求				

续表

验收组长		组名		日期	
验收文档清单	被验收者的 2226-1、2226-2、2229-1 任务工单				
	调查方案内容清单				
验收评分	评价标准			分数	得分
	能陈述设计调查方案的意义			10分	
	能陈述调查方案中的分析单位			20分	
	能陈述常见的错误推理			20分	
	能陈述设计调查方案的目的			20分	
	能陈述任务描述中案例的调查方法			10分	
	能陈述任务描述中案例的调查经费项目和大概金额			10分	
	提供文献检索清单，不少于10项，缺1项扣1分			10分	
评价分数					
小组反思					

任务工单3

组号：_____　　姓名：_____　　学号：_____　　检索号：__22210-3__

组间互评表

班级		被评组名		日期	
评价指标	评价内容			分数	得分
汇报表述	表述准确			15分	
	语言流畅			10分	
	准确反映该组完成情况			15分	
内容正确度	内容正确			30分	
	句型表达准确			30分	
互评分数					
简要评述					

任务工单 4

组号：_____ 姓名：_____ 学号：_____ 检索号：__22210-4__

任务完成情况评价表

任务名称			总得分		
评价依据	学生完成的所有任务工单				
序号	任务内容及要求	分数	评分标准	教师评价 结论	得分
1	设计调查方案的意义	描述正确	5分	酌情赋分		
		语言流畅	5分	酌情赋分		
2	调查方案中的分析单位	描述正确	5分	酌情赋分		
		语言流畅	5分	酌情赋分		
3	常见的错误推理	描述正确	5分	酌情赋分		
		语言流畅	5分	酌情赋分		
4	设计调查方案的目的	描述正确	5分	酌情赋分		
		语言流畅	5分	酌情赋分		
5	任务描述中案例的调查方法	描述正确	10分	酌情赋分		
		语言流畅	10分	酌情赋分		
6	任务描述中案例的调查经费项目和大概金额	描述正确	10分	酌情赋分		
		语言流畅	10分	酌情赋分		
7	提供文献检索清单	描述正确	5分	酌情赋分		
		语言流畅	5分	酌情赋分		
8	素质素养评价	沟通交流 团队合作 课堂纪律 合作探学 自主研学 严谨细致 客观公正 实事求是	10分	酌情赋分，但违反课堂纪律，不听从组长、教师安排，不得分		

项目三　爬罗剔抉、精挑细选

抽样调查是非全面调查，是从全部调查对象中，按照一定原则，抽取部分单位进行调查研究，并通过这部分单位的调查结果来推断总体情况的一种调查方法。抽样调查用于不可能以及不必要对总体进行全面调查的推断，采取抽样调查掌握部分的特征也就足以说明总体的特征。调查者必须熟练掌握抽样调查的相关概念，抽样的程序，以及抽样方案的制定。

任务一　抽样与抽样程序

2.3.1.1　任务描述

某地区社区现居人口6 141人，60岁及以上老年人有1 449名。通过走访调查了解到，该社区老年人在心理健康服务方面有需求，主要体现在老年人能力有限无法紧跟时代变化、老年人无个人交际圈、老年人缺少正常的人际交往和娱乐活动这三个方面。

请从案例中归纳出抽样相关术语所指的内容，包括总体、样本、抽样单位、抽样框、参数值、统计值，并说明抽样的程序。

2.3.1.2　学习目标

1. 素质目标

（1）培养学生科学严谨、认真细致的社会调查态度；
（2）培养学生尊老、敬老、助老、爱老的意识，增强学生社会责任感；
（3）培养学生客观公正、精益求精的职业精神。

2. 知识目标

（1）掌握抽样的概念和作用；
（2）掌握样本规模与抽样误差；
（3）掌握抽样的程序。

3. 能力目标

（1）能够说明抽样的概念；
（2）能够说明影响确定样本规模的因素；
（3）能够说明抽样的过程。

2.3.1.3　任务分析

1. 重点

（1）抽样的概念及相关术语；
（2）样本规模与抽样误差；
（3）抽样的程序。

微课视频：抽样与抽样程序

2. 难点

（1）抽样的概念及相关术语；

（2）样本规模与抽样误差；

（3）抽样的程序。

知识链接：抽样与抽样程序

2.3.1.4　知识链接

在社会研究中，研究者往往希望能够对某一社会现象的总体或某一类人的总体进行全面的研究和描述。但在实际研究工作中，研究者想对总体中的每一个元素都进行调查研究是不现实的。而比较理想的情况是：通过研究总体中的一部分个体，得出结论，再通过对个体的研究结论推断总体的情况。因此，找出能够代表总体特征的这部分个体就成为社会研究者要解决的关键问题。经过长期的探索与实践，社会研究者充分借助了在现代统计学和概率论基础上发展起来的抽样理论与方法，使自己的研究更能适应现代社会高异质性、高流动性、高变动性的现实。

1. 抽样的相关术语

（1）总体。总体是指所要研究对象的全体，是构成研究对象的所有元素的集合。例如，我们要对某高校学生的心理健康状况进行调查，那么某高校在籍的所有学生就是这次调查的研究总体。

（2）样本。样本是指总体的一部分，它是从总体中按一定程序抽选出来的那部分单位所组成的集合。例如，我们从某高校所有学生总体中按照一定的方式抽取2 000名学生作为对象进行调查，那么这2 000名学生就构成了此次调查的一个样本。

（3）抽样。抽样是指按一定方式从总体中选择或抽出样本的过程。例如，从某高校在籍的所有学生中按照一定的方式抽取我们所要调查的2 000名学生的过程即是抽样。

（4）抽样单位。抽样单位是指直接抽样时所使用的基本单位。例如，从某高校在籍的所有学生中按照一定的方式抽取我们所要调查的2 000名学生时，如果直接抽取2 000名学生则抽样单位为个人，那么抽样单位与构成总体的元素单位相同；如果我们抽取50个班，假设这50个班正好有2 000名学生，那么抽样单位就是班，抽样单位与构成总体的元素单位就不同了。

（5）抽样框。抽样框是指可以选择作为样本的总体单位列出名册或排序编号，以确定总体的抽样范围和结构。抽样框是抽选样本的一个框架，其具体表现形式主要有包括总体全部单位的名册、地图等。抽样框在抽样调查中处于基础地位，是抽样调查必不可少的部分，其对于推断总体具有相当大的影响。例如，从某高校在籍的所有学生中直接抽出2 000名学生作为样本，那么某高校所有在籍学生的名单就是这次抽样的抽样框。如果是从某高校的所有班中抽出部分学生作为调查样本，此时的抽样框就不再是某高校所有在籍学生的名单，而是某高校所有班的名单了。因为此时的抽样单位已不再是单个的学生，而是班。

（6）参数值。参数值是指关于总体中某一变量的综合描述，或者说是总体中所有元素的某种特征的综合数量表现。例如，某高校所有在籍学生的平均身高、每月家庭给予的生活费平均值等都是参数值。

（7）统计值。统计值是指关于样本中某一变量的综合描述，或者说是样本中所有元素的某种特征的综合数量表现。例如，从高校所有在籍学生中抽取出2 000人，对这2 000人的平均身高、每月家庭给予的生活费平均值进行计算，所得到的就是这一样本的统计值。

（8）置信度。置信度是指总体参数值落在样本统计值某一区内的概率。

（9）置信区间。置信区间是指在某一置信度下，样本统计值与总体参数值之间的误差范围。

置信区间和置信度是两个重要的概念，在估计总体参数时，会给出更高的置信度，比如95%或99%。但是，当样本大小不变时，置信度越高，置信区间越大，即估计参数的相对精度越低；反之，置信度越低，准确率越高。解决这一矛盾的办法是增加样本量。

（10）抽样误差。抽样误差是指统计值与被推断的参数值之间出现的偏差。抽样误差是由抽样本身的随机性引起的，是不可避免的。

（11）异质性。异质性是指总体中个体之间的差异程度。抽样是为了通过样本推断总体，当总体中的个体之间差异程度较大时，为保证样本对总体的代表性则需增加样本数量。

（12）同质性。同质性是指总体中个体相互之间的相似程度，它与异质性相对应。总体中个体之间差异越小，即同质性越高，所抽取的样本越容易代表总体。

（13）放回抽样。放回抽样是指统计抽样时对每次被抽到的单位登记后再放回总体，重新参与下一次抽选的抽样方法。

（14）不放回抽样。不放回抽样是指在逐个抽取个体时，每次被抽到的个体不放回总体中参加下一次抽取的方法。

2. 抽样的作用

抽样提供了一种由部分认识总体的途径和手段，其主要作用包括以下方面：

（1）用于不可能进行全面调查的总体数量特征的推断。主要有两种情况：第一种是无限总体的调查；第二种是具有破坏性或消耗性的产品质量检验。

（2）用于某些没必要进行全面调查的总体数量特征的推断。

（3）用于全面调查资料的评价和验证。

（4）用于生产过程的质量控制。

3. 样本规模与抽样误差

（1）样本规模。样本规模又称样本容量，就是指样本所含个案的多少。样本分为大样本（样本规模>30）和小样本（样本规模<30）。但在社会调查中，样本规模至少不能少于100个个案。

（2）影响样本规模确定的因素：

①总体大小。一般来说，总体越大时，则样本也要越大，这样才能保证一定的精确度。但这种做法仅在一定程度上是正确的。当总体规模很小时，提高样本占总体的比例的确能

够明显地改善抽样的精确度。比如，在总体规模小于1 000的情况下，样本占总体10%或者30%，结果相差还是很大的；但根据实际测算，当总体规模大到一定程度时样本规模的增加与它并不保持同等的增长速度。

②推断的把握性和精确性。一般来说，在其他条件一定的情况下，置信度越高即推论的把握性越大，则所要求的样本规模就越大。比如说，99%的置信度所要求的样本规模，就比95%的置信度所要求的样本规模要大。在其他条件一定的情况下，置信区间越小，即样本值与总体值之间的误差范围越小，则所要求的样本规模就越大。

③总体的异质性程度。一般来说，调查同质性高的总体所需的样本规模小一些，而调查异质性高的样总体所需的样本规模大一些。因为同质性越高，总体在各种变量上的分布越集中，同样规模的样本对总体的反映就越准确。而异质性越高，总体在各种变量上的分布越分散，波动性越大，同样规模的样本对总体的反映就会越差。

④调查者所拥有的人力、物力和时间。调查过程中所投入的人力、物力和时间也影响着样本规模的确定。一般来说，从精确性角度考虑率，虽然样本规模越大越好，但样本规模越大也就意味着投入的人财物和时间越多。因此从实际工作的角度来说，究竟选择多大规模的样本，还需要调查者根据实际情况，综合研判做出选择。

（3）样本规模与抽样误差。抽样误差就是统计值与参数值之间存在的偏差，它是由于抽样本身的随机性所引起的误差。无论采取什么样的抽样方式，这种误差都是不可避免的。但是，抽样误差的大小是可以在样本设计中事先进行限定的。

当样本规模增加时，样本统计量的随机波动程度就会降低，从而使抽样误差也降低。在简单随机抽样中，人们正是以扩大样本规模的方式来达到降低抽样误差的目的。有关抽样规模与抽样误差之间的关系问题，我们还应该注意：对于比较小的样本来说，样本规模上的很小的一点增加，便会带来精确度方面很明显的提高；而对于比较大的样本来说，同样增加多个个案，却收效甚微。因此，许多调查工作通常将样本规模限制在2 000之内，因为当样本规模过大时，花费在所增加的样本规模上的人力、物力，相对于提高估计的精确度来说，就有些得不偿失。

4. 抽样的程序

（1）界定总体。界定总体是指对总体范围作出清晰的界定。抽样的目的是通过对样本的调查获得总体的情况，因此必须事先明确总体的范围，如果不能明确界定总体的范围，即使抽样方法再严谨，也可能获得缺乏代表性的样本，不能很好地反映总体情况。

（2）确定抽样框。确定抽样框是指根据已经明确的总体范围，获得总体名单，并对名单进行统一编号，建立起供抽样使用的抽样框。例如，要在某高校对所有在籍的学生进行心理健康状况调查，在明确界定总体的基础上制定抽样框，就是要获得该所高校所有在籍学生的名单，并按一定的顺序统一编号，形成一份无重复、无遗漏的所有在籍学生名单，这份编号的名单就是抽样框。

（3）实际抽取样本。实际抽取样本是指在上述几个步骤的基础上，严格按照所选定的抽样方法，从抽样框中抽取一个个的抽样单位，构成调查样本的过程。

(4) 评估样本质量。评估样本质量是指对样本的质量、代表性、偏差等进行初步的检验和衡量，其目的是防止由于样本的偏差过大而导致的失误。评估样本质量最根本的依据是研究者的抽样设计和抽样实施过程的质量。在实践中，常采用比较的方法，即将可得到的反映总体中某些重要特征及其分布的资料与样本中的同类指标的资料进行对比。若二者之间的差别很小，则可在一定程度上认为样本的质量较高，代表性较大；若二者之间的差别十分明显，那么样本的质量和代表性就一定不会很高。例如，从高校的 20 000 名在籍学生中抽取 1 000 人作为样本。同时，我们从该高校得到的统计资料显示：该高校男生占总数的 70%，女生占 30%。那么，我们可以对抽出的 1 000 名学生进行性别方面分布情况的统计。假定样本统计得到的结果是：男生占 69%，女生占 31%，就在一定程度上说明样本质量较高，代表性较好，这样的样本往往能较好地反映总体情况。

2.3.1.5 任务分组

学生分组表

班级		组号		授课教师	
组长		学号			
组员	姓名	学号		姓名	学号

2.3.1.6 自主探学

任务工单 1

组号：_____ 姓名：_____ 学号：_____ 检索号：__2316-1__

引导问题：

(1) 抽样的相关概念中，总体、样本、抽样、抽样单位、抽样框、参数值、统计值、置信度、置信区间、抽样误差、异质性、同质性、放回抽样、不放回抽样分别是什么？

_____
_____
_____

(2) 抽样的作用是什么？

_____
_____
_____

(3) 影响样本规模确定的因素是什么?

任务工单 2

组号:_____ 姓名:_____ 学号:_____ 检索号: 2316-2

引导问题:

(1) 结合任务描述中的案例,说明该项调查中的总体、样本、抽样单位、抽样框、参数值、统计值分别指代的内容。

(2) 结合任务描述中的案例,介绍抽样的程序。

(3) 简要说明如何评估样本质量。

2.3.1.7 合作研学

任务工单 1

组号:_____ 姓名:_____ 学号:_____ 检索号: 2317-1

引导问题:

小组讨论,教师参与,确定任务工单 2316-1、2316-2 的最优答案,并反思自己存在的不足。

2.3.1.8 展示赏学

任务工单 1

组号：_____ 姓名：_____ 学号：_____ 检索号：2318-1

引导问题：

每组推荐 1 个组长（或代表）进行汇报，根据汇报情况再次反思自己的不足。

_____
_____
_____
_____

2.3.1.9 任务实施

任务工单 1

组号：_____ 姓名：_____ 学号：_____ 检索号：2319-1

引导问题：

（1）请结合任务描述中的案例，归纳出抽样的相关术语所指的具体内容，为案例设计抽样程序，并简要说明如何评估样本质量。

（2）操作结果评价。

情景在线：抽样与抽样程序

操作结果评价表

班级			组名		日期	
序号	评价指标	分数	评级标准			得分
1	结合任务描述中的案例，归纳出抽样的相关术语所指的具体内容	40 分	总体、样本的具体内容（10 分）			
			抽样单位的具体内容（10 分）			
			抽样框的具体内容（10 分）			
			参数值、统计值的具体内容（10 分）			
2	结合任务描述中的案例，能够设计抽样程序	40 分	有对总体的界定（10 分）			
			有确定的抽样框（20 分）			
			有实际抽样和评估样本质量的描述（10 分）			
3	结合任务描述中的案例，说明评估样本质量的方法	20 分	样本的准确性和精确性（20 分）			
	合计	100 分	自评分			

2.3.1.10 评价反馈

任务工单1

组号：_____ 姓名：_____ 学号：_____ 检索号：2310-1

自我评价表

班级		组名		日期	
评价指标	评价内容			分数	得分
信息收集能力	能有效利用网络、图书资源查找有用的相关信息，能将查到的信息有效地传递到学习中			10分	
感知课堂生活	能在学习中获得满足感，认同课堂生活			10分	
参与态度沟通能力	积极主动与教师、同学交流，相互尊重、理解、平等；与教师、同学之间能够保持多向、丰富、适宜的信息交流			10分	
	能处理好合作学习和独立思考的关系，做到有效学习；能提出有意义的问题或能发表个人见解			10分	
知识能力掌握情况	能陈述抽样中总体、抽样框、参数值等14个概念			10分	
	能陈述抽样的作用			10分	
	能陈述确定样本规模的因素			5分	
	能陈述任务描述中案例的抽样相关概念的具体内涵			5分	
	能陈述任务描述中案例的抽样方案			5分	
	能陈述评估样本质量的方法			5分	
辩证思维	能发现问题、提出问题、分析问题、解决问题、创新问题			10分	
自我反思	按时保质完成任务，较好地掌握了知识点，具有较为全面严谨的思维能力，并能条理清楚地表达成文			10分	
自评分数等级	优：90~100分；良：80~89分；中：70~79分；及格：60~69分				
自我反思					

任务工单2

组号：_____ 姓名：_____ 学号：_____ 检索号：2310-2

组内互评验收表

验收组长		组名		日期	
组内验收成员					
任务要求	能陈述抽样中总体、抽样框、参数值等14个概念；能陈述抽样的作用；能陈述确定样本规模的因素；能陈述任务描述中案例的抽样相关概念的具体内涵；能陈述任务描述中案例的抽样方案；能陈述评估样本质量的方法；文献检索数满足要求				

续表

验收组长		组名		日期	
验收文档清单	被验收者的 2316-1、2316-2、2319-1 任务工单				
	文献检索清单				
验收评分	评价标准			分数	得分
	能陈述抽样中总体、抽样框、参数值等 14 个概念			20 分	
	能陈述抽样的作用			20 分	
	能陈述确定样本规模的因素			10 分	
	能陈述任务描述中案例的抽样相关概念的具体内涵			10 分	
	能陈述任务描述中案例的抽样方案			20 分	
	能陈述评估样本质量的方法			10 分	
	提供文献检索清单，不少于10项，缺1项扣1分			10 分	
评价分数					
小组反思					

任务工单 3

组号：_____ 姓名：_____ 学号：_____ 检索号：__2119-3__

组间互评表

班级		被评组名		日期	
评价指标		评价内容		分数	得分
汇报表述	表述准确			15 分	
	语言流畅			10 分	
	准确反映该组完成情况			15 分	
内容正确度	内容正确			30 分	
	句型表达到位			30 分	
互评分数					
简要评述					

任务工单 4

组号：_____ 姓名：_____ 学号：_____ 检索号：__2319-4__

任务完成情况评价表

任务名称				总得分		
评价依据	学生完成的所有任务工单					
序号	任务内容及要求		分数	评分标准	教师评价	
					结论	得分
1	抽样的 14 个概念	描述正确	10 分	酌情赋分		
		语言流畅	10 分	酌情赋分		

续表

序号	任务内容及要求		分数	评分标准	教师评价	
					结论	得分
2	抽样的作用	描述正确	5分	酌情赋分		
		语言流畅	5分	酌情赋分		
3	确定样本规模的因素	描述正确	10分	酌情赋分		
		语言流畅	10分	酌情赋分		
4	任务描述中案例的抽样相关概念的具体所指	描述正确	5分	酌情赋分		
		语言流畅	5分	酌情赋分		
5	任务描述中案例的抽样方案	描述正确	5分	酌情赋分		
		语言流畅	5分	酌情赋分		
6	如何评估样本质量	描述正确	5分	酌情赋分		
		语言流畅	5分	酌情赋分		
7	提供文献检索清单	描述正确	5分	酌情赋分		
		语言流畅	5分	酌情赋分		
8	素质素养评价	沟通交流	10分	酌情赋分，但违反课堂纪律，不听从组长、教师安排，不得分		
		团队合作				
		课堂纪律				
		合作探学				
		自主研学				
		客观准确				
		逻辑缜密				
		科学严谨				

任务二 抽样方案的制订

2.3.2.1 任务描述

随着我国老龄化程度的加深，老年人的心理健康问题日渐凸显，受到了社会的普遍关注。国家卫生健康委印发了《关于实施老年人心理关爱项目的通知》，要求2019年和2020年，要在全国共选取1 600个城市的社区和320个农村的行政村开展实施项目工作。

请为该项调查制订抽样方案。

2.3.2.2 学习目标

1. 素质目标

（1）培养学生科学严谨、认真细致的社会调查态度；

（2）培养学生尊老、敬老、助老、爱老的意识，增强学生社会责任感；

(3) 培养学生客观公正、精益求精的职业精神。

2. 知识目标

(1) 掌握概率抽样中简单随机抽样、系统抽样的方法；
(2) 掌握概率抽样中分层抽样、整群抽样、多阶段抽样的方法；
(3) 掌握非概率抽样中偶遇抽样、定额抽样、判断抽样、雪球抽样的方法。

3. 能力目标

(1) 能够运用简单随机抽样、系统抽样的方法制订方案并开展调查；
(2) 能够运用分层抽样、整群抽样、多阶段抽样的方法制订抽样方案并开展调查；
(3) 能够运用偶遇抽样、定额抽样、判断抽样、雪球抽样的方法开展调查。

2.3.2.3 任务分析

1. 重点

(1) 简单随机抽样、系统抽样；
(2) 分层抽样、整群抽样、多阶段抽样；
(3) 非概率抽样。

微课视频：概率抽样与非概率抽样

2. 难点

(1) 简单随机抽样、系统抽样；
(2) 分层抽样、整群抽样、多阶段抽样；
(3) 非概率抽样。

知识链接：概率抽样与非概率抽样

2.3.2.4 知识链接

1. 概率抽样方法

概率抽样是指在调查总体样本中的每个单位都具有同等可能被抽中的机会。概率抽样以概率理论和随机原则为依据来抽取样本，是使总体中的每一个单位都有一个事先已知的非零概率被抽中的样本。总体单位被抽中的概率可以通过样本设计来规定，通过某种随机化操作来实现，虽然随机样本一般不会与总体完全一致。社会调查中常用到以下4种概率抽样方法。

(1) 简单随机抽样。简单随机抽样是指按照随机原则从总体单位中直接抽取若干单位组成样本。它是最基本的概率抽样形式，也是其他几种概率抽样方法的基础。简单随机抽样的具体抽样方法有两种：一是抽签法；二是利用随机数表法。

(2) 系统抽样。系统抽样是把总体中的个体进行随机编号并排序，再计算出某种间隔，然后按这一固定的间隔抽取个体的号码来组成样本的方法。

(3) 分层抽样。分层抽样是指首先将调查对象的总体单位按照一定的标准分成各种不同的类别（或组），然后根据各类别（或组）的单位数与总体单位数的比例确定从各类别（或组）中抽取样本的数量，最后按照随机原则从各类（或组）中抽取样本。

(4) 整群抽样。整群抽样是先把总体分为若干个子群，然后一群一群地抽取作为样本单位。它通常比简单随机抽样和分层抽样更实用。

（5）多阶段抽样。多阶段抽样是一种分阶段从调查对象的总体中抽取样本进行调查的方法。

2. 非概率抽样方法

非概率抽样是指调查者根据自己的方便或主观判断抽取样本的方法。它不是严格按随机抽样原则来抽取样本，所以失去了大数定律的存在基础，也就无法确定抽样误差，无法正确地说明样本的统计值在多大程度上适合于总体。虽然根据样本调查的结果也可在一定程度上说明总体的性质、特征，但不能从数量上推断总体。社会调查中常用到以下4种非概率抽样方法。

（1）偶遇抽样。偶遇抽样是为配合研究主题而由调查者于特定的时间和特定社区的某一位置上，随意选择调查对象的一种抽样方法。

（2）判断抽样。判断抽样也称立意抽样，是指当调查者对自己的研究领域十分熟悉，对调查总体比较了解时，根据自己的主观印象、以往的经验和对调查对象的了解来选取样本的一种抽样方法。

（3）定额抽样。定额抽样也称配额抽样，是指调查者将调查总体样本按一定标志分类或分层，确定各类（层）单位的样本数额进而抽选样本的抽样方式。

（4）雪球抽样。雪球抽样是指先随机选择一些调查对象，再通过它们获得另外一些属于所研究目标总体的调查对象的一种抽样方法。

非概率抽样简单易行、成本低、省时间，在统计上也比概率抽样简单。但由于无法排除抽样者的主观性，无法控制和客观地测量样本代表性，因此样本不具有推论总体的性质。非概率抽样多用于探索性研究和预备性研究，以及总体边界不清难于实施概率抽样的研究。在实际应用中，非概率抽样往往与概率抽样结合使用。

2.3.2.5 任务分组

学生分组表

班级		组号		授课教师	
组长		学号			
组员	姓名		学号	姓名	学号

2.3.2.6 自主探学

任务工单 1

组号：_____ 姓名：_____ 学号：_____ 检索号：__2326-1__

引导问题：

（1）简单随机抽样、系统抽样的内容是什么？

_____
_____
_____

（2）分层抽样、整群抽样、多阶段抽样的内容是什么？

_____
_____
_____
_____

（3）非概率抽样的内容是什么？

_____
_____
_____

任务工单 2

组号：_____ 姓名：_____ 学号：_____ 检索号：__2326-2__

引导问题：

（1）结合一项社会调查分别制订简单随机抽样和系统抽样方案并说明抽样过程和结论。

_____
_____
_____

（2）结合任务描述中的案例，分别制订分层抽样、整群抽样、多阶段抽样方案并说明抽样过程和结论。

_____
_____
_____
_____

（3）结合任务描述中的案例，简要说明非概率抽样方法的内容及如何应用。

_____
_____
_____

2.3.2.7 合作研学

任务工单1

组号：_____ 姓名：_____ 学号：_____ 检索号：__2327-1__

引导问题：

小组讨论，教师参与，确定任务工单2326-1、2326-2的最优答案，并反思自己存在的不足。

_____
_____
_____
_____

2.3.2.8 展示赏学

任务工单1

组号：_____ 姓名：_____ 学号：_____ 检索号：__2328-1__

引导问题：

每组推荐1个组长（或代表）进行汇报，根据汇报情况再次反思自己的不足。

_____
_____
_____

2.3.2.9 任务实施

任务工单1

组号：_____ 姓名：_____ 学号：_____ 检索号：__2329-1__

引导问题：

（1）请结合任务描述中的案例，制订抽样方案，并说明抽样程序、具体步骤及方法。先扫二维码，观看课题演示。

（2）操作结果评价。

情景在线：概率抽样与非概率抽样

操作结果评价表

班级			组名		日期	
序号	评价指标	分数	评级标准			得分
1	结合社会调查项目能够制订简单随机抽样和系统抽样方案	50分	简单随机抽样的方法和步骤清晰（15分）			
			系统抽样的方法和步骤清晰（15分）			
			为社会调查设计简单随机抽样和系统抽样方案清晰明确（20分）			

续表

序号	评价指标	分数	评级标准	得分
2	结合任务描述中的案例，能够分别制订分层抽样、整群抽样、多阶段抽样方案	30分	为案例制订分层抽样方案清晰明确（10分）	
			为案例制订整群抽样方案清晰明确（10分）	
			为案例制订多阶段抽样方案清晰明确（10分）	
3	结合任务描述中的案例，能够说明非概率抽样方法的内容及如何应用	20分	偶遇抽样、判断抽样的方法和步骤清晰（10分）	
			定额抽样、雪球抽样的方法和步骤清晰（10分）	
	合计	100分	自评分	

2.3.2.10　评价反馈

任务工单1

组号：_____　姓名：_____　学号：_____　检索号：23210-1

自我评价表

班级		组名		日期	
评价指标	评价内容			分数	得分
信息收集能力	能有效利用网络、图书资源查找有用的相关信息，能将查到的信息有效地传递到学习中			10分	
感知课堂生活	能在学习中获得满足感，认同课堂生活			10分	
参与态度沟通能力	积极主动与教师、同学交流，相互尊重、理解、平等；与教师、同学之间能够保持多向、丰富、适宜的信息交流			10分	
	能处理好合作学习和独立思考的关系，做到有效学习；能提出有意义的问题或能发表个人见解			10分	
知识能力掌握情况	能陈述简单随机抽样、系统抽样的内容			10分	
	能陈述分层抽样、整群抽样、多阶段抽样的内容			5分	
	能陈述非概率抽样的内容			5分	
	能陈述简单随机抽样和系统抽样方案的制订过程并说明抽样过程			5分	
	能陈述分层抽样、整群抽样、多阶段抽样方案的制订过程并说明抽样过程			5分	
	能陈述非概率抽样的内容及应用方法			10分	

续表

评价指标	评价内容	分数	得分
辩证思维	能发现问题、提出问题、分析问题、解决问题、创新问题	10分	
自我反思	按时保质完成任务,较好地掌握了知识点,具有较为全面严谨的思维能力,并能条理清楚地表达成文	10分	
自评分数等级	优:90~100分;良:80~89分;中:70~79分;及格:60~69分		
自我反思			

任务工单2

组号:_____ 姓名:_____ 学号:_____ 检索号:23210-2

组内互评验收表

验收组长		组名		日期	
组内验收成员					
任务要求	能描述简单随机抽样、系统抽样的内容;能描述分层抽样、整群抽样、多阶段抽样的内容;能描述非概率抽样的内容;能描述简单随机抽样和系统抽样方案的制订过程并说明抽样过程;能描述分层抽样、整群抽样、多阶段抽样方案的制订过程并说明抽样过程;能描述非概率抽样的内容及应用方法;文献检索数满足要求				
验收文档清单	被验收者的2326-1、2326-2、2329-1任务工单				
	文献检索清单				
验收评分	评价标准		分数		得分
	能陈述简单随机抽样、系统抽样的内容		20分		
	能陈述分层抽样、整群抽样、多阶段抽样的内容		20分		
	能陈述非概率抽样的内容		10分		
	能陈述简单随机抽样和系统抽样方案的制订过程并说明抽样过程		20分		
	能陈述分层抽样、整群抽样、多阶段抽样方案的制订过程并说明抽样过程		10分		
	能陈述非概率抽样的内容及应用方法		10分		
	提供文献检索清单,不少于10项,缺1项扣1分		10分		
评价分数					
小组反思					

任务工单 3

组号：_____　　姓名：_____　　学号：_____　　检索号：__2119-3__

组间互评表

班级		被评组名		日期	
评价指标	评价内容			分数	得分
汇报表述	表述准确			15 分	
	语言流畅			10 分	
	准确反映该组完成情况			15 分	
内容正确度	内容正确			30 分	
	句型表达到位			30 分	
互评分数					
简要评述					

任务工单 4

组号：_____　　姓名：_____　　学号：_____　　检索号：__2319-4__

任务完成情况评价表

任务名称			总得分		
评价依据	学生完成的所有任务工单				
序号	任务内容及要求	分数	评分标准	教师评价	
				结论	得分
1	简单随机抽样、系统抽样的内容	描述正确　5 分	酌情赋分		
		语言流畅　5 分	酌情赋分		
2	分层抽样、整群抽样、多阶段抽样的内容	描述正确　5 分	酌情赋分		
		语言流畅　5 分	酌情赋分		
3	非概率抽样的内容	描述正确　5 分	酌情赋分		
		语言流畅　5 分	酌情赋分		
4	简单随机抽样和系统抽样方案的制订及抽样过程	描述正确　10 分	酌情赋分		
		语言流畅　10 分	酌情赋分		
5	分层抽样、整群抽样、多阶段抽样方案的制订及抽样过程	描述正确　10 分	酌情赋分		
		语言流畅　10 分	酌情赋分		
6	非概率抽样的内容及如何应用	描述正确　5 分	酌情赋分		
		语言流畅　5 分	酌情赋分		

续表

序号	任务内容及要求		分数	评分标准	教师评价	
					结论	得分
7	提供文献检索清单	描述正确	5分	酌情赋分		
		语言流畅	5分	酌情赋分		
8	素质素养评价	沟通交流	10分	酌情赋分，但违反课堂纪律，不听从组长、教师安排，不得分		
		团队合作				
		课堂纪律				
		合作探学				
		自主研学				
		客观准确				
		方法得当				
		操作规范				

模块三

社会调查实施

社会调查的目的和根本任务是揭示事物的真相与发展变化的规律,并进而寻求改造社会的途径和方法。由于社会调查的具体目的不同,其具体任务也有所侧重:有的侧重于反映客观社会事实;有的侧重于对社会现象做出科学的解释,探求社会现象发展变化的规律;有的侧重于在探求社会现象发展规律的基础上做对策性研究等。不论何种调查目的和调查任务,都需要依靠科学、客观、有效的调查实施过程来保障调查目的和调查任务的达成,因此,社会调查的实施对社会调查工作至关重要。毛泽东在《大兴调查研究之风》中提道:"这些年来,我们的同志调查研究工作不做了。要是不做调查研究工作,只凭想象和估计办事,我们的工作就没有基础。所以,请同志们回去后大兴调查研究之风,一切从实际出发,没有把握就不要下决心。"社会调查的实施是增强决策能力的重要保证。

社会调查的实施是根据选择的调查课题,选择合适的调查研究方法进行数据资料的收集。数据资料的数量和质量决定了调查课题的研究结果,因此需要根据调查课题选择数据资料收集方法,设计科学、有效的调查工具和调查流程,确保调查结果的真实性、准确性、有效性。本模块包括引经据典、旁征博引,目量意营、铢量寸度,明廉暗察、审势相机三个项目。

项目一 引经据典、旁征博引

在社会调查研究中,针对某个课题会有大量研究人员站在不同的角度提出研究问题和假设,运用不同的理论和方法得出研究结论。这些研究人员的研究成果可以作为后来者开展同类研究时的重要参考,后来者可以在前人的研究基础上站在新的研究视角,发现新的研究问题,提出新的研究假设,生成新的研究结论。这些前人的研究成果就是文献,对前人的研究成果进行查阅、选择、梳理、引用就是文献调查法。

任务一 文献调查法的概述

3.1.1.1 任务描述

就业是最大的民生,大国就业是大民生。党和政府历来高度重视就业工作,将就业摆在"六稳"工作、"六保"任务之首。党的二十大报告明确提出,实施就业优先战略,强化就业优先政策,健全就业公共服务体系,加强困难群体就业兜底帮扶,消除影响平等就业的不合理限制和就业歧视，使人人都有通过勤奋劳动实现自身发展的机会。高校毕业生是宝贵的人才资源，促进高校毕业生就业事关民生福祉和国家未来。

习近平总书记十分关心高校毕业生的就业情况，2022年6月8日他在四川宜宾学院考察时提出，要进一步挖掘岗位资源，做实做细就业指导服务，学校、企业和有关部门要抓好学生就业签约落实工作，尤其要把脱贫家庭、低保家庭、零就业家庭以及有残疾的、较长时间未就业的高校毕业生作为重点帮扶对象。

为了更好落实习近平总书记对高校毕业生就业工作的指示，需要针对某地区高职院校大学生就业情况开展调研，结合某地区高职院校大学生就业中的问题提出解决对策。

基于上述研究课题，明确所需文献的类型、文献查找的渠道和方法。

3.1.1.2 学习目标

1. 素质目标

（1）培养积极、正面、健康的就业观；

（2）培养尊重他人研究成果、恪守学术道德规范的文献调查态度和追根溯源、由点及面的文献调查工作作风。

2. 知识目标

（1）掌握文献的概念和类型；

（2）掌握文献查找的渠道；

（3）掌握文献查找的方法。

3. 能力目标

（1）能够根据调查课题确定所需文献类型；

（2）能够根据所需文献选择查找文献的渠道和方法。

3.1.1.3 任务分析

1. 重点

（1）文献的类型；

（2）文献查找的渠道。

2. 难点

（1）文献查找的方法；

（2）调查课题文献查找方案的制订。

微课视频：文献的
概念和类型

知识链接：文献的
概念和类型

3.1.1.4 知识链接

1. 文献的概念和类型

"文献"一词最早出现在《论语·八佾》中："文献不足故也，足，则吾能征之矣。"南宋朱熹在《四书章句集注》中对文献的解释是："文，典籍也。献，贤也。"宋代马端临在《文献通考》中指出"文"是经、史历代会要及百家传记之书，"献"是臣僚奏疏、诸儒之评论、名流之燕谈、稗官之记录。随着社会发展，信息传播的载体越来越多样化，文献的内涵和外延也不断扩大，除了具有历史意义或研究价值的书籍，其他记录人类知识的文字、图像、数字、符号、视频、音频等都被称为文献。

(1) 文献包含 3 个要素：
①要有知识内容。文献必须具有一定的知识内容，没有记录任何知识内容的物体不能被称为文献。
②要有物质载体。文献要通过一定的物质形式来承载。
③要有记录方式。文献要以文字、语音、图像等形式进行记录。
(2) 文献的 5 种分类：
①按照物质载体的类型对文献分类。文献的物质载体有甲骨、青铜、竹简、布帛、纸张、光盘等。
②按照记录技术的类型对文献分类。文献的记录方式多种多样，从个性化的笔录到批量化的印刷，从片段化的拍照到过程化的录像。
③按照文献内容被加工的程度对文献分类。文献的加工程度有所不同，文献从内容的生成到呈现在文献使用者面前，会经历不同的加工阶段。
④按照文献资料提供者对文献分类。文献资料的来源涉及面广，从个人到组织，从所有者到发布者。
⑤按照出版形式对文献分类。文献的发布方涵盖出版社、杂志社、新闻媒体、高校、政府、企业等，不同的发布方出版的文献形式不同。

2. 文献查找的渠道和方法

(1) 文献查找的渠道。查找文献的渠道多种多样，对于纸质文献和网络文献有不同的查找渠道。
①纸质文献的获取渠道。对于公开出版的文献，可以通过购买、借阅等方式获取。对于未公开出版的文献，可以通过借阅、复印等方式获取。
②网络文献的获取渠道。对于网络文献，可以通过在相关网站检索、下载的方式获取。
(2) 文献查找的方法。对于公开出版的文献，可以通过图书馆和互联网进行查找。查找文献可以使用以下方法：
①检索工具查找法。运用检索工具，通过输入要查询的"书名""作者""主题词""关键词"等进行检索和查询。
②参考文献查找法。根据某篇文献列出的参考文献目录或引用的文献名目，查找有关文献资料。
③循环查找法。将检索工具查找法和参考文献查找法相结合进行交替使用，循环查找。

3.1.1.5 任务分组

学生分组表

班级		组号		授课教师	
组长		学号			
组员	姓名		学号	姓名	学号

3.1.1.6 自主探学

任务工单1

组号：_____ 姓名：_____ 学号：_____ 检索号：__3116-1__

引导问题：

(1) 文献的类型有哪些？任务描述中的调查课题可选择的文献类型有哪些？

_____
_____

(2) 文献的查找渠道有哪些？任务描述中的调查课题可选择的文献查找渠道是什么？

_____
_____
_____

任务工单2

组号：_____ 姓名：_____ 学号：_____ 检索号：__3116-2__

引导问题：

(1) 文献查找方法有哪些？

_____
_____

(2) 针对任务描述中调查课题所需的文献确定查找方法。

_____
_____
_____

(3) 针对任务描述中调查课题所需的文献制订查找方案。

_____
_____
_____

3.1.1.7 合作研学

任务工单1

组号：_____ 姓名：_____ 学号：_____ 检索号：__3117-1__

引导问题：

小组讨论，教师参与，确定任务工单3116-1、3116-2的最优答案，并反思自己存在的不足。

_____
_____
_____
_____

3.1.1.8 展示赏学

任务工单1

组号：_____ 姓名：_____ 学号：_____ 检索号：3118-1

引导问题：

每组推荐1个组长（或代表）进行汇报，根据汇报情况再次反思自己的不足。

_____

_____

3.1.1.9 任务实施

任务工单1

组号：_____ 姓名：_____ 学号：_____ 检索号：3119-1

引导问题：

（1）对任务描述中调查课题所需的文献进行查找，明确所需文献类型、查找渠道、查找方法。先扫二维码，观看调查课题文献查找演示。

（2）操作结果评价。

情景在线：文献的概念和类型

操作结果评价表

班级			组名		日期	
序号	评价指标	分数	评价标准			得分
1	结合任务描述中调查课题所需的文献，确定文献类型和文献查找渠道	40分	文献类型全面、准确（20分）			
			查找文献渠道全面、准确（20分）			
2	结合任务描述中调查课题所需的文献，确定文献查找方法	30分	查找文献方法全面、准确（30分）			
3	结合任务描述中调查课题所需的文献，确定文献查找方案	30分	文献查找方案全面、科学（30分）			
合计		100分	自评分			

3.1.1.10 评价反馈

任务工单1

组号：_____ 姓名：_____ 学号：_____ 检索号：31110-1

自我评价表

班级		组名		日期	
评价指标	评价内容			分数	得分
文献查找能力	能有效对调查课题所需的文献进行查找			5分	

续表

评价指标	评价内容	分数	得分
感知课堂生活	能在学习中获得满足感，认同课堂生活	5分	
参与态度沟通能力	积极主动与教师、同学交流，相互尊重、理解、平等；与教师、同学之间能够保持多向、丰富、适宜的信息交流	10分	
	能处理好合作学习和独立思考的关系，做到有效学习；能提出有意义的问题或能发表个人见解	10分	
知识能力掌握情况	能陈述文献的概念	5分	
	能陈述文献的基本要素	5分	
	能陈述文献的类型	10分	
	能陈述文献查找的渠道	10分	
	能陈述文献类型选择思路和文献查找渠道选择思路	20分	
辩证思维	能发现问题、提出问题、分析问题、解决问题、创新问题	10分	
自我反思	按时保质完成任务，较好地掌握知识点，具有较为全面严谨的思维能力，并能条理清楚地表达成文	10分	
自评分数等级	优：90~100分；良：80~89分；中：70~79分；及格：60~69分		
自我反思			

任务工单2

组号：_____ 姓名：_____ 学号：_____ 检索号：__31110-2__

组内互评验收表

验收组长		组名		日期	
组内验收成员					
任务要求	能陈述文献的概念；能陈述文献的要素；能陈述文献的类型；能陈述文献查找的渠道；能陈述文献类型选择思路和文献查找渠道选择思路；文献检索数满足要求				
验收文档清单	被验收文档 3116-1、3116-2、3119-1 任务工单				
	文献查找清单、文献查找方案				
验收评分	评价标准			分数	得分
	能陈述文献的概念			15分	
	能陈述文献的要素			15分	
	能陈述文献的类型			15分	
	能陈述文献查阅的渠道			15分	
	能陈述文献类型选择思路和文献查找渠道选择思路			30分	
	提供文献检索清单，不少于10项，缺1项扣1分			10分	
评价分数					
小组反思					

模块三　社会调查实施

任务工单 3

组号：_____　姓名：_____　学号：_____　检索号：__31110-3__

组间互评表

班级		被评组名		日期	
评价指标		评价内容		分数	得分
汇报表述	表述准确			15 分	
	语言流畅			10 分	
	准确反映该组完成情况			15 分	
内容正确度	内容正确			30 分	
	句型表达到位			30 分	
互评分数					
简要评述					

任务工单 4

组号：_____　姓名：_____　学号：_____　检索号：__31110-4__

任务完成情况评价表

任务名称				总得分		
评价依据		学生完成的所有任务工单				
序号	任务内容及要求		分数	评分标准	教师评价	
					结论	得分
1	文献概念	描述正确	5 分	酌情赋分		
		语言流畅	5 分	酌情赋分		
2	文献要素	描述正确	5 分	酌情赋分		
		语言流畅	5 分	酌情赋分		
3	文献的类型	描述正确	10 分	酌情赋分		
		语言流畅	10 分	酌情赋分		
4	文献查找的渠道	描述正确	10 分	酌情赋分		
		语言流畅	10 分	酌情赋分		
5	文献类型选择思路和文献查找渠道选择思路	描述正确	10 分	酌情赋分		
		语言流畅	10 分	酌情赋分		
6	提供文献检索清单	描述正确	5 分	酌情赋分		
		语言流畅	5 分	酌情赋分		

续表

序号	任务内容及要求		分数	评分标准	教师评价	
					结论	得分
7	素质素养评价	沟通交流	10分	酌情赋分，但违反课堂纪律，不听从组长、教师安排，不得分		
		团队合作				
		课堂纪律				
		合作探学				
		自主研学				
		追根溯源				
		认真细致				
		科学规范				

任务二　文献的选择和整理

3.1.2.1　任务描述

为落实习近平总书记对高校毕业生就业工作的指示，针对某地区高职院校大学生就业情况开展调研，结合某地区高职院校大学生就业中的问题提出解决对策。首先运用文献调查法在中国知网对大学生就业相关文献进行查找，通过输入关键词"高职大学生就业"进行检索，发现中国知网上共有967篇相关文献，其中来自学术期刊778篇、学位论文32篇、会议5篇、报纸6篇。

基于上述查找的文献，明确文献选择的标准、文献整理的方法。

3.1.2.2 学习目标

1. 素质目标

(1) 培养以终为始、问题导向、开拓创新的工作态度;

(2) 培养认真、耐心、细致、严谨的工作作风。

2. 知识目标

(1) 掌握文献选择的标准;

(2) 掌握文献整理的方法。

3. 能力目标

(1) 能够根据调查课题对查找的文献进行选择;

(2) 能够根据选择的文献对文献内容进行整理。

3.1.2.3 任务分析

1. 重点

(1) 文献选择的标准;

(2) 文献考察的标准。

2. 难点

(1) 文献阅读的方法;

(2) 文献记录的方法。

微课视频:文献的
选择和整理

知识链接:文献的
选择和整理

3.1.2.4 知识链接

1. 文献选择的标准

当查找到的文献数量较多时,需要根据调查课题的需要,将查找的文献分为必用、应用、备用、不用几个类型。可以根据以下标准对文献进行分类和筛选:

(1) 文献时间。根据文献发表的时间进行选择。

(2) 文献内容。根据文献的研究视角、研究方法、研究过程、研究结论进行选择。

(3) 文献作者。根据文献作者的权威性进行选择。

(4) 文献出版方。根据出版方的权威性进行选择。

2. 文献考察的标准

在选择文献时还要注意鉴别文献的真伪,深入考察文献的来源和可靠程度。可以通过以下几个方面对文献进行考察:

(1) 文献的作者情况。考察文献作者的学术简历及研究目的。

(2) 文献的研究立场。考察文献的研究背景和研究立场。

(3) 文献的逻辑性。考察文献整体架构的逻辑性。

(4) 文献的真实性。考察文献中相关信息和数据的真实性。

3. 文献阅读的方法

在资料收集过程中,需要对查找的文献进行阅读。阅读文献可分为略读和精读两个阶段。

(1) 略读。通过目录、序言和摘要大概了解文献内容。
(2) 精读。在略读的基础上，对符合要求的文献进行深入阅读。

4. 文献记录的方法

在阅读文献时，如果不进行记录，会在阅读完毕时忘记阅读过程中发现的有用信息，需要对文献重新阅读寻找该有用信息，导致大量时间和精力被浪费。文献记录是资料收集工作中的一个重要工序，可以采用以下方法进行记录：

(1) 标记。标记就是在文献上做记号。
(2) 眉批。眉批就是在页眉或页脚处写阅读文献的心得、体会、评语、疑问等。
(3) 抄录。抄录就是把文献中重要的有价值的信息抄下来。
(4) 提纲。提纲就是把整本书或整篇文章的内容要点，用概况的语句或条目依次记录下来。
(5) 札记。札记就是阅读文献后写的心得、感想、评价、意见等。

3.1.2.5 任务分组

学生分组表

班级		组号		授课教师	
组长		学号			
组员	姓名	学号		姓名	学号

3.1.2.6 自主探学

任务工单1

组号：_____ **姓名**：_____ **学号**：_____ **检索号**：　3126-1　

引导问题：

(1) 文献选择和考察的标准有哪些？

_____
_____

(2) 结合任务描述中调查课题所需查找的相关文献，设计文献选择和考察方案。

_____
_____

任务工单 2

组号：_____ 姓名：_____ 学号：_____ 检索号：3126-2

引导问题：

(1) 文献阅读和记录的方法有哪些？

_____
_____
_____

(2) 对任务描述中调查课题所需选择的文献进行阅读和记录。

_____
_____
_____

(3) 对任务描述中调查课题所需选择文献的整理结果提出自己的研究思路。

_____
_____
_____

3.1.2.7 合作研学

任务工单 1

组号：_____ 姓名：_____ 学号：_____ 检索号：3127-1

引导问题：

小组讨论，教师参与，确定任务工单3126-1、3126-2的最优答案，并反思自己存在的不足。

_____
_____
_____

3.1.2.8 展示赏学

任务工单 1

组号：_____ 姓名：_____ 学号：_____ 检索号：3128-1

引导问题：

每组推荐1个组长（或代表）进行汇报，根据汇报情况再次反思自己的不足。

_____
_____
_____

3.1.2.9 任务实施

任务工单 1

组号：_____ 姓名：_____ 学号：_____ 检索号：3129-1

引导问题：

（1）对任务描述中调查课题所需文献进行选择，考察文献的来源和可靠程度，阅读文献，记录文献信息。先扫二维码，观看调查课题所需文献的选择和记录演示。

情景在线：操作化与指标设计

（2）操作结果评价。

操作结果评价表

班级		组名		日期	
序号	评价指标	分数	评价标准		得分
1	结合任务描述中的调查课题所需文献，能够选择、考察文献	40分	选择的文献有用、有效（20分）		
			考察的文献真实、可靠（20分）		
2	结合任务描述中的调查课题所需文献，能够阅读、记录文献	60分	文献阅读速度快、效率高，文献记录全面、有条理（30分）		
			基于文献阅读和记录，提出的研究思路有创新、有价值（30分）		
合计		100分	自评分		

3.1.2.10 评价反馈

任务工单1

组号：_____ 姓名：_____ 学号：_____ 检索号：31210-1

自我评价表

班级		组名		日期	
评价指标	评价内容			分数	得分
文献选择能力	能有效对调查课题所需文献进行选择			5分	
感知课堂生活	能在学习中获得满足感，认同课堂生活			5分	
参与态度沟通能力	积极主动与教师、同学交流，相互尊重、理解、平等；与教师、同学之间能够保持多向、丰富、适宜的信息交流			10分	
	能处理好合作学习和独立思考的关系，做到有效学习；能提出有意义的问题或能发表个人见解			10分	
知识能力掌握情况	能陈述文献的选择标准			5分	
	能陈述文献的考察标准			5分	
	能陈述文献的阅读方法			10分	
	能陈述文献的记录方法			10分	
	能陈述文献选择、考察、阅读和记录方案的思路			20分	
辩证思维	能发现问题、提出问题、分析问题、解决问题、创新问题			10分	

续表

评价指标	评价内容	分数	得分
自我反思	按时保质完成任务，较好地掌握知识点，具有较为全面严谨的思维能力，并能条理清楚地表达成文	10分	
自评分数等级	优：90~100分；良：80~89分；中：70~79分；及格：60~69分		
自我反思			

任务工单2

组号：_____ 姓名：_____ 学号：_____ 检索号：31210-2

组内互评验收表

验收组长		组名		日期	
组内验收成员					
任务要求	能陈述文献选择的标准；能陈述文献考察的标准；能陈述文献阅读的方法；能陈述文献记录的方法；能陈述文献选择、考察、阅读和记录方案的思路；文献检索数满足要求				
验收文档清单	被验收文档3126-1、3126-2、3129-1任务工单				
	选择文献清单，文献记录清单				
验收评分	评价标准		分数		得分
	能陈述文献选择的标准		15分		
	能陈述文献考察的标准		15分		
	能陈述文献阅读的方法		15分		
	能陈述文献记录的方法		15分		
	能陈述文献选择、考察、阅读和记录方案的思路		30分		
	提供文献检索清单，不少于10项，缺1项扣1分		10分		
评价分数					
小组反思					

任务工单3

组号：_____ 姓名：_____ 学号：_____ 检索号：31210-3

组间互评表

班级		被评组名		日期	
评价指标	评价内容		分数		得分
汇报表述	表述准确		15分		
	语言流畅		10分		
	准确反映该组完成情况		15分		

续表

评价指标	评价内容	分数	得分
内容正确度	内容正确	30 分	
	句型表达到位	30 分	
互评分数			
简要评述			

任务工单 4

组号：_____ 姓名：_____ 学号：_____ 检索号：__31210-4__

任务完成情况评价表

任务名称				总得分		
评价依据	学生完成的所有任务工单					
序号	任务内容及要求		分数	评分标准	教师评价	
					结论	得分
1	文献选择的标准	描述正确	5 分	酌情赋分		
		语言流畅	5 分	酌情赋分		
2	文献考察的标准	描述正确	5 分	酌情赋分		
		语言流畅	5 分	酌情赋分		
3	文献阅读的方法	描述正确	10 分	酌情赋分		
		语言流畅	10 分	酌情赋分		
4	文献记录的方法	描述正确	10 分	酌情赋分		
		语言流畅	10 分	酌情赋分		
5	文献选择、考察、阅读和记录方案的思路	描述正确	10 分	酌情赋分		
		语言流畅	10 分	酌情赋分		
6	提供文献检索清单	描述正确	5 分	酌情赋分		
		语言流畅	5 分	酌情赋分		
7	素质素养评价	沟通交流	10 分	酌情赋分，但违反课堂纪律，不听从组长、教师安排，不得分		
		团队合作				
		课堂纪律				
		合作探学				
		自主研学				
		追根溯源				
		认真细致				
		科学规范				

项目二 目量意营、铢量寸度

《孟子·梁惠王上》中说："权，然后知轻重；度，然后知长短。物皆然，心为甚。"权衡度量可以帮助我们认识真实世界，因此测量在自然科学中应用十分广泛，有大量的工具用于测量高度、时速、体重等，帮助人们更深入、全面地了解客观事物。在社会调查研究中，有很多研究对象无法使用自然科学中的测量工具进行测量，比如心理健康、幸福感受、满意态度等，为了对这些研究对象进行全面了解和深入研究，需要精心开发、设计相应的测量工具，对社会调查研究中的变量进行精细的衡量、研究。

任务一 操作化与指标设计

3.2.1.1 任务描述

保障社区居民生活的安全、有序是社区工作者的主要工作目标，一旦发生扰乱社区居民正常生活的突发性事件，需要社区工作者迅速投身到一线中，及时响应、快速解决，用自己的行动守护社区居民的安全。面对社区工作的复杂、多样、多变特点，社区工作者经常要牺牲个人时间，工作和生活的冲突给社区工作者带来多重压力，多数社区工作者身心俱疲。社区工作者在岗上默默奉献，关心、支持社区居民的生活和工作，他们也需要被关心、被支持。压力大会使社区工作者的精神时刻处在紧绷的状态，会产生焦虑情绪，在处理家庭琐事中不够集中精力，从而产生家庭和婚姻的问题。只有社区工作者的幸福指数不断提升，他们才会以更加饱满、更加充沛的热情全身心地投入工作中去，更好地解决居民的问题。

为了让社区工作者更好地认识自己，理解自己的情绪，学习减压方法，舒缓压力，疗愈身心，需要对社区工作者的压力现状进行研究。

基于上述研究课题，明确测量客体、测量内容、测量层次，明确概念、变量、指标。

3.2.1.2 学习目标

1. 素质目标

（1）培养奉献、无私、不怕苦、不怕累的社会服务精神；

（2）培养对生命、健康、尊严的关爱意识；

（3）培养坚持实事求是、科学严谨的调查态度和查实情、说实话、报实数的调查工作作风。

2. 知识目标

（1）掌握测量的基础知识；

（2）掌握操作化的基础知识。

3. 能力目标

（1）能够根据调查课题选择有效的测量层次；

(2) 能够将抽象概念操作化为具体指标；
(3) 能够采用团队合作、头脑风暴等方式进行课题操作化。

3.2.1.3 任务分析

1. 重点
(1) 课题的测量客体和内容；
(2) 课题的测量层次。

2. 难点
(1) 课题的概念和变量；
(2) 课题测量指标的制定。

微课视频：操作化与
指标设计

3.2.1.4 知识链接

1. 测量的基本知识

知识链接：操作化与
指标设计

人们对"测量"一词并不陌生。人类自古就会测量，例如用眼睛观察天象从而判断方位和天气，用鼻子去闻食物气味从而判断是否可口，用手去触摸水从而判断冷热等。测量是人类探知自然界和社会的主要手段之一。1951年美国学者史蒂文斯（Stevens S.S）对测量给出明确定义，他认为测量就是根据某种法则给物体安排数字。我国学者风笑天对测量的定义为：测量就是根据一定的法则，将某种物体或现象所具有的属性或特征用数字或符号表示出来的过程。测量包含5个要素和4个层次。

(1) 测量的5个要素：

①测量的客体。测量的客体是指测量的对象，是客观世界中存在的一切事物或现象。

②测量的内容。测量的内容是指测量客体所具有的某种属性或特征，它主要针对的是"测量什么"的问题。

③测量的法则。测量的法则是指用数字和符号表达事物各种属性或特征的操作规则或逻辑次序。

④数字或符号。数字或符号是指用来表示测量结果的工具，它主要针对的是"如何表示测量结果"的问题。

⑤测量的准确度。测量的准确度是指测量结果与真值的一致程度。

(2) 测量的4个层次：

①定类测量，也称名义测量或类别测量。这种测量只是对事物进行分类，用数字表示个体在属性上的特征或类别上的不同，不同的数字代表不同的类。

②定序测量，也称等级测量或顺序测量。这种测量用于对事物进行排序，是用数字表示个体在某个有序状态中所处的位置（层次、水平）。

③定距测量，也称等距测量或间距测量。在给事物及属性指派数字时，定距测量既能用于将事物区分为不同类型并进行排序，又能用于指出类别之间准确的差距是多少，也就是说，定距测量的结果是数值。

④定比测量，也称比率测量。它代表测量的最高水平，也就是说，它在给事物及属性指派数字时，不仅有相等的单位，而且有绝对的零点。

2. 操作化的基本知识

美国社会学家劳伦斯·纽曼指出，在一个理论与假设中，两个牵连在一起的变量的测量过程涉及三个层次：概念层次、操作层次及经验层次。测量过程结合这三个过程，以演绎的方式从抽象进展到具体。研究者先概念化一个变量，赋予它清楚的定义；然后进行操作，发展出一个操作化定义或一组指标；最后将这些指标用到经验世界中。

（1）操作化的相关概念：
①概念。概念是对现象的抽象，是反映对象的本质属性的思维形式。
②变量。变量指的是没有固定取值的概念，或者说是可以改变取值的概念。
③维度。维度是指概念或变量可以指明的方面。
④指标。指标是指表示概念或变量含义的一组可观察到的事物。

（2）操作化的步骤与方法：
①明确概念的抽象定义。首先通过研读文献，从中搜集概念的各种定义及相关信息；其次依据研究目的，界定概念的抽象定义。
②设计测量指标。有些概念比较简单，如"性别""年龄"等，只有一个维度，而且这个维度只有一个指标，概念、维度、指标三者是一样的。有些概念比较复杂，在给出概念的抽象定义之后，需要弄清楚概念应具有的不同维度，将概念一层层地分解为树形结构，再用多个指标进行测量。

3.2.1.5 任务分组

学生分组表

班级		组号		授课教师	
组长		学号			
组员	姓名	学号		姓名	学号

3.2.1.6 自主探学

任务工单1

组号：_____ **姓名：**_____ **学号：**_____ **检索号：** 3216-1

引导问题：
（1）什么是测量对象？任务描述中调查课题的测量对象是什么？

_____
_____
_____
_____
_____

(2) 什么是测量内容？任务描述中调查课题的测量内容是什么？

(3) 测量层次的具体内容有哪些？任务描述中调查课题各测量内容的测量层次是什么？

任务工单 2

组号：_____ 姓名：_____ 学号：_____ 检索号：__3216-2__

引导问题：

(1) 请陈述什么是概念，并对任务描述中调查课题的相关概念进行界定。

(2) 请陈述什么是变量、维度和指标。

(3) 请陈述操作化的步骤是什么，并对任务描述中调查课题进行操作化设计。

3.2.1.7 合作研学

任务工单 1

组号：_____ 姓名：_____ 学号：_____ 检索号：__3217-1__

引导问题：

小组讨论，教师参与，确定任务工单 3216-1、3216-2 的最优答案，并反思自己存在的不足。

3.2.1.8 展示赏学

任务工单 1

组号：_____ 姓名：_____ 学号：_____ 检索号：__3218-1__

引导问题：

每组推荐 1 个组长（或代表）进行汇报，根据汇报情况再次反思自己的不足。

模块三　社会调查实施

_____
_____

3.2.1.9　任务实施

任务工单1

组号：_____　姓名：_____　学号：_____　检索号：3219-1

引导问题：

（1）对任务描述中调查课题进行操作化，明确调查课题的概念、变量、指标。先扫二维码，观看调查课题操作化演示。

（2）操作结果评价。

情景在线：操作化与指标设计

操作结果评价表

班级		组名		日期	
序号	评价指标	分数	评价标准		得分
1	结合任务描述中的调查课题，能够确定测量要素和层次	40分	测量对象的确定全面、准确（10分）		
			测量内容的确定全面、准确（10分）		
			测量层次的确定合适、准确（20分）		
2	结合任务描述中的调查课题，能够进行操作化	60分	概念的界定全面、准确（20分）		
			变量的确定有代表性（20分）		
			指标的制定全面、科学（20分）		
合计		100分	自评分		

3.2.1.10　评价反馈

任务工单1

组号：_____　姓名：_____　学号：_____　检索号：32110-1

自我评价表

班级		组名		日期	
评价指标		评价内容		分数	得分
操作化能力		能有效对研究课题进行操作化处理，界定概念、明确变量、制定指标		5分	
感知课堂生活		能在学习中获得满足感，认同课堂生活		5分	

续表

评价指标	评价内容	分数	得分
参与态度沟通能力	积极主动与教师、同学交流，相互尊重、理解、平等；与教师、同学之间能够保持多向、丰富、适宜的信息交流	10 分	
	能处理好合作学习和独立思考的关系，做到有效学习；能提出有意义的问题或能发表个人见解	10 分	
知识能力掌握情况	能陈述测量的概念和要素	5 分	
	能陈述社会测量的层次	5 分	
	能陈述概念、变量、维度和指标的定义	10 分	
	能陈述操作化的过程	10 分	
	能陈述研究课题操作化的设计思路	20 分	
辩证思维	能发现问题、提出问题、分析问题、解决问题、创新问题	10 分	
自我反思	按时保质完成任务，较好地掌握知识点，具有较为全面严谨的思维能力，并能条理清楚地表达成文	10 分	
自评分数等级	优：90~100 分；良：80~89 分；中：70~79 分；及格：60~69 分		
自我反思			

任务工单 2

组号：_____ 姓名：_____ 学号：_____ 检索号：__32110-2__

组内互评验收表

验收组长		组名		日期	
组内验收成员					
任务要求	能陈述测量的概念和要素；能陈述社会测量的层次；能陈述概念、变量和指标的定义；能陈述操作化的过程；能陈述研究课题操作化的设计思路；文献检索数满足要求				
验收文档清单	被验收文档 3216-1、3216-2、3219-1 任务工单				
	操作化变量、指标清单				
	评价标准		分数		得分
验收评分	能陈述测量的概念和要素		15 分		
	能陈述社会测量的层次		15 分		
	能陈述概念、变量、维度和指标的定义		15 分		
	能陈述操作化的过程		15 分		
	能陈述研究课题操作化的设计思路		30 分		
	提供文献检索清单，不少于 10 项，缺 1 项扣 1 分		10 分		
评价分数					
小组反思					

模块三　社会调查实施

任务工单 3

组号：_____　姓名：_____　学号：_____　检索号：　32110-3　

组间互评表

班级		被评组名		日期	
评价指标	评价内容			分数	得分
汇报表述	表述准确			15 分	
	语言流畅			10 分	
	准确反映该组完成情况			15 分	
内容正确度	内容正确			30 分	
	句型表达到位			30 分	
互评分数					
简要评述					

任务工单 4

组号：_____　姓名：_____　学号：_____　检索号：　32110-4　

任务完成情况评价表

任务名称				总得分		
评价依据	学生完成的所有任务工单					
序号	任务内容及要求		分数	评分标准	教师评价	
					结论	得分
1	测量对象	描述正确	5 分	酌情赋分		
		语言流畅	5 分	酌情赋分		
2	测量内容	描述正确	5 分	酌情赋分		
		语言流畅	5 分	酌情赋分		
3	测量层次	描述正确	5 分	酌情赋分		
		语言流畅	5 分	酌情赋分		
4	课题概念	描述正确	5 分	酌情赋分		
		语言流畅	5 分	酌情赋分		
5	课题测量	描述正确	10 分	酌情赋分		
		语言流畅	10 分	酌情赋分		
6	课题指标	描述正确	10 分	酌情赋分		
		语言流畅	10 分	酌情赋分		
7	提供文献检索清单	描述正确	5 分	酌情赋分		
		语言流畅	5 分	酌情赋分		

续表

序号	任务内容及要求		分数	评分标准	教师评价	
					结论	得分
8	素质素养评价	沟通交流 团队合作 课堂纪律 合作探学 自主研学 奉献无私 任劳任怨 实事求是	10分	酌情赋分，但违反课堂纪律，不听从组长、教师安排，不得分		

任务二　制作课题量表

3.2.2.1　任务描述

社区工作者压力问题的产生多数来源于工作的繁忙、团队成员之间的默契程度不高，以及家人对社区工作者工作的不支持和不理解。这些问题的产生会导致社区工作者在工作当中的预期无法达到自己心中的理想程度，工作的每个方面不能事事照顾到，对于家人的不理解会产生焦虑情绪，在处理家庭琐事中精力不够集中，将烦躁郁闷的情绪带给身边的人，从而影响社区工作者的日常生活与工作状态。因此需要对社区工作者压力问题开展调查研究，通过对社区工作人员的情绪和压力测量、对情绪和压力影响因素的排列，使他们厘清目前的工作状态，重新整理心情，缓解焦虑情绪，释放压力，摆脱由于压力大而产生的各种生活或工作的问题，可以集中精神，更好地解决居民或家人的问题，在处理工作事务时可以有饱满的精神状态，在处理家庭琐事中可以有良好的想法思路。

基于上述研究课题，制作科学、有效的研究课题量表。

3.2.2.2　学习目标

1. 素质目标

（1）培养积极、阳光、乐观、正向的工作态度；

（2）培养抗压、抗挫、奋斗、拼搏的工作精神；

（3）培养坚持系统全面、科学逻辑的调查态度和发现问题、分析问题、解决问题的调查工作作风。

2. 知识目标

（1）掌握测量量表的类型；

（2）掌握测量量表的评估。

3. 能力目标

（1）能够根据调查课题设计测量量表；

（2）能够验证测量量表的信度和效度；
（3）能够用团队合作、头脑风暴等方式进行量表的设计和验证。

3.2.2.3 任务分析

1. 重点

（1）社会调查中常用的量表类型；
（2）调查量表的制作步骤；
（3）信度与效度的内容。

2. 难点

（1）研究课题测量量表的制作；
（2）量表信度与效度验证方式的设计。

微课视频：制作课题量表

知识链接：制作课题量表

3.2.2.4 知识链接

1. 测量量表的类型

量表作为抽象社会指标的测量工具，通过对变量用不同的规则分配数字，以确定主观的、抽象的概念的定量化测量。测量抽象社会指标的量表多种多样，其中常用的有以下几种：

（1）总加量表，又称利克特量表，是美国社会心理学家伦西斯·利克特在20世纪30年代发明的，主要用于测量抽象社会指标。

（2）累积量表，也称古德曼量表，是心理学家刘易斯·古德曼于1950年提出的。该量表是单维的，即量表自身结构中存在着某种由强变弱或由弱变强的逻辑。

（3）语义差异量表，又称语义分化量表，是美国心理学家奥斯古德、萨奇、泰尼邦等人于1957年提出的，主要用于测量态度等抽象社会指标。

（4）社会关系量表，由一组反映社会关系从疏远到亲密的问题构成，不同的问题表示不同的疏密程度，问题越往后表示相互关系越亲密。

2. 测量量表的制作步骤

（1）总加量表制作步骤：
①提出调查问题。
②制定评分规则。
③进行测量试验。
④评估测试结果。
⑤制定总加量表。
⑥实际测量。

（2）累积量表制作步骤：
①提出问题和规定分数。
②试测和评分。
③评估和制表。
④测量和汇总。
⑤对反常现象进行解释。

（3）语义差异量表：
①确定测量对象。

②设计一组正、反两方面评价的问题。
③设计每方面的评价分数。
④请调查对象填答。
⑤调整和统计。

3. 社会测量的信度

社会测量的信度是指测量工具能够稳定地测量所要测量的事物或变量的程度。在实际调查中，可以从以下 3 个方面评估测量工具的信度。

（1）再查信度，是指用同一份量表，对同一个调查对象在不同的时间进行调查，根据两次测量的结果，计算相关系数，以此来评估测量信度。

（2）复本信度，是指用两个或两个以上具有同等效力的测量工具（原本和复本），让同一调查对象同时接受这两套（或多套）复本的测量，然后根据测量所得的分数来计算相关系数，比较两次答案的相似性，评估测量信度。

（3）折半信度，是指由研究者将测量结果按测量题目的单、双号或随机分成两个组计分，然后将两个组的分值进行比较，如果测量结果的相关度比较高，那么测量结果就是可靠的；反之，测量结果就是不可靠的。

4. 社会测量的效度

社会测量的效度是指测量工具能够准确、真实、客观地测量事物或变量属性的程度。在实际调查中，可以从以下 3 个方面评估测量工具的效度。

（1）表面效度，也称为内容效度或逻辑效度。它指的是测量的内容和测量的项目与测量目标之间的内容合适性和逻辑相符度。

（2）准则效度，也称为实证效度或统计效度。它指的是当用多种不同的测量方式或不同的测量指标对同一变量进行测量时，将其中的一种方式或指标作为准则，将其他的方式或指标与这个准则进行比较，如果它们之间的相关性程度比较高，那么其他的测量方式或指标也有效，可被认为具有准则效度。

（3）构造效度，又称为结构效度。它是指利用现有的理论或命题来考查测量工具或测量手段的有效度。

3.2.2.5 任务分组

学生分组表

班级		组号		授课教师	
组长		学号			
组员	姓名		学号	姓名	学号

3.2.2.6 自主探学

任务工单 1

组号：_____ 姓名：_____ 学号：_____ 检索号：3226-1

引导问题：

(1) 测量量表的类型有哪些？

_____

_____

(2) 测量量表的制作步骤是什么？

_____

_____

(3) 根据任务描述中调查课题的研究内容设计测量量表。

_____

_____

任务工单 2

组号：_____ 姓名：_____ 学号：_____ 检索号：3226-2

引导问题：

(1) 请陈述测量量表的信度和效度是什么以及如何验证。

_____

_____

(2) 为任务描述中测量量表信度制作验证方案。

_____

_____

(3) 为任务描述中测量量表的效度制作验证方案。

_____

_____

3.2.2.7 合作研学

任务工单 1

组号：_____ 姓名：_____ 学号：_____ 检索号：3227-1

引导问题：

小组讨论，教师参与，确定任务工单 3226-1、3226-2 的最优答案，并反思自己存在的不足。

3.2.2.8 展示赏学

任务工单1

组号：_____ **姓名：**_____ **学号：**_____ **检索号：** 3228-1

引导问题：

每组推荐1个组长（或代表）进行汇报，根据汇报情况再次反思自己的不足。

3.2.2.9 任务实施

任务工单1

组号：_____ **姓名：**_____ **学号：**_____ **检索号：** 3229-1

引导问题：

（1）请根据任务描述中的调查课题制作测量量表，并制订量表信度和效度的验证方案。先扫二维码，观看调查课题量表制作演示。

（2）操作结果评价。

情景在线：制作课题量表

操作结果评价表

班级		组名		日期	
序号	评价指标	分数	评价标准		得分
1	结合任务描述中的调查课题，能够设计测量量表	60分	正确选择量表类型（20分）		
			设计量表的陈述项目（20分）		
			制作赋值表（20分）		
2	结合任务描述中的调查课题，能够设计测量量表信度和效度验证方案	40分	列举3种信度检测方法（5分）		
			再查信度的检测（5分）		
			复本信度的检测（5分）		
			折半信度的检测（5分）		
			列举3种效度检测方法（5分）		
			内容效度的检测（5分）		
			准则效度的检测（5分）		
			建构效度的检测（5分）		
合计		100分	自评分		

3.2.2.10 评价反馈

任务工单1

组号：_____ 姓名：_____ 学号：_____ 检索号：32210-1

自我评价表

班级		组名		日期	
评价指标	评价内容			分数	得分
测量量表设计能力	能有效对研究课题进行测量量表的设计			10分	
信度和效度验证，方案设计能力	能有效对测量量表的信度和效度的验证进行方案设计			10分	
感知课堂生活	能在学习中获得满足感，认同课堂生活			10分	
参与态度沟通能力	积极主动与教师、同学交流，相互尊重、理解、平等；与教师、同学之间能够保持多向、丰富、适宜的信息交流			10分	
	能处理好合作学习和独立思考的关系，做到有效学习；能提出有意义的问题或能发表个人见解			10分	
知识能力掌握情况	能陈述量表的含义和类型			5分	
	能陈述量表的制作步骤			5分	
	能陈述信度的定义和类型			5分	
	能陈述效度的定义和类型			5分	
	能陈述测量量表设计思路和信度、效度验证思路			10分	
辩证思维	能发现问题、提出问题、分析问题、解决问题、创新问题			10分	
自我反思	按时保质完成任务，较好地掌握知识点，具有较为全面严谨的思维能力，并能条理清楚地表达成文			10分	
自评分数等级	优：90~100分；良：80~89分；中：70~79分；及格：60~69分				
自我反思					

任务工单2

组号：_____ 姓名：_____ 学号：_____ 检索号：32210-2

组内互评验收表

验收组长		组名		日期	
组内验收成员					
任务要求	能陈述量表的含义和类型；能陈述量表的制作步骤；能陈述信度的定义和类型；能陈述效度的定义和类型；能陈述测量量表设计思路和信度、效度验证思路；文献检索数满足要求				

续表

验收组长		组名		日期	
验收文档清单	被验收文档 3226-1、3226-2、3229-1 任务工单				
	测量量表、信度和效度验证方案				
验收评分	评价标准			分数	得分
	能陈述量表的含义和类型			15 分	
	能陈述量表的制作步骤			15 分	
	能陈述信度的定义和类型			15 分	
	能陈述效度的定义和类型			15 分	
	能陈述测量量表设计思路和信度、效度验证思路			30 分	
	提供文献检索清单，不少于 10 项，缺 1 项扣 1 分			10 分	
评价分数					
小组反思					

任务工单 3

组号：_____ 姓名：_____ 学号：_____ 检索号：__32210-3__

组间互评表

班级		被评组名		日期	
评价指标	评价内容			分数	得分
汇报表述	表述准确			15 分	
	语言流畅			10 分	
	准确反映该组完成情况			15 分	
内容正确度	内容正确			30 分	
	句型表达到位			30 分	
互评分数					
简要评述					

任务工单 4

组号：_____ 姓名：_____ 学号：_____ 检索号：__32210-4__

任务完成情况评价表

任务名称				总得分		
评价依据	学生完成的所有任务工单					
序号	任务内容及要求		分数	评分标准	教师评价	
					结论	得分
1	量表的含义和类型	描述正确	5 分	酌情赋分		
		语言流畅	5 分	酌情赋分		

续表

序号	任务内容及要求		分数	评分标准	教师评价	
					结论	得分
2	量表的制作步骤	描述正确	5分	酌情赋分		
		语言流畅	5分	酌情赋分		
3	测量量表信度检测	描述正确	5分	酌情赋分		
		语言流畅	5分	酌情赋分		
4	测量量表效度检测	描述正确	10分	酌情赋分		
		语言流畅	10分	酌情赋分		
5	测量量表设计思路和信度、效度验证思路	描述正确	10分	酌情赋分		
		语言流畅	10分	酌情赋分		
6	提供文献检索清单	描述正确	10分	酌情赋分		
		语言流畅	10分	酌情赋分		
7	素质素养评价	沟通交流	10分	酌情赋分，但违反课堂纪律，不听从组长、教师安排，不得分		
		团队合作				
		课堂纪律				
		合作探学				
		自主研学				
		积极正向				
		抗压抗挫				
		问题解决				

项目三　明廉暗察、审势相机

《论语》中孔子告诉子贡："工欲善其事，必先利其器。"社会调查中需要借助问卷这一工具进行定量的资料收集，需要借助访问这一工具进行定性的资料收集，这两个工具的设计质量和使用过程，直接影响收集资料的真实性与可靠性，进而影响调查的质量。因此问卷和访谈提纲设计时要精益求精，在资料收集过程中要抓住时机使用各种方法开展调查研究。

任务一　问卷法与访谈法

3.3.1.1　任务描述

随着电商物流与快递行业的持续高速增长，快递行业从业人员数量激增，快递员已经成为当今社会的新兴职业。2022 年，中国快递员人数突破 400 万，日均快递处理量超过 3 亿件，快递业务收入超过 1 万亿元。中国可以说是一个流动的中国，是一个真正"快递"的中国，世界上每发出两个快件，就有一个属于中国，而这背后是科技和绿色在做支撑，是 400 多万名快递行业从业人员的辛勤付出。

在任何时候，快递员都坚守一线，为保障千家万户生活物资供应贡献力量。然而，快递员生存现状并不理想，人员流失率高、稳定性差、社会认同度低、工作压力大、承担的交通风险高、薪酬水平较低等问题不断凸显。

为了深入了解某地区快递员群体的有关情况，例如生活、工作的基本状况，以及融入某地区生活的情况，调查者拟使用问卷法和访谈法开展调查，请为此次调查设计一份问卷和访谈方案。

3.3.1.2　学习目标

1. 素质目标
（1）培养社会责任感、对社会热点问题的关注；
（2）培养规则意识、逻辑思维能力；
（3）培养实事求是、科学严谨的调查态度。

2. 知识目标
（1）掌握问卷的结构和设计步骤；
（2）掌握题目的类型和设计方法；
（3）掌握访谈法的类型和程序。

3. 能力目标
（1）能够根据调查课题设计调查问卷；
（2）能够根据调查课题设计访谈方案；
（3）能够用团队合作、头脑风暴等方式进行调查问卷和访谈方案的设计和验证。

3.3.1.3 任务分析

1. 重点

（1）问卷的结构和设计步骤；
（2）题目的类型和设计方法；
（3）访谈法的类型和程序。

2. 难点

（1）研究课题调查问卷的制作；
（2）研究课题访谈方案的设计。

微课视频：问卷法与访谈法

知识链接：问卷法与访谈法

3.3.1.4 知识链接

1. 问卷的结构

问卷是社会调查中搜集资料的重要工具。问卷设计的好坏，直接影响问卷调查过程中问卷填答数量和质量，问卷收集的资料数量和质量，又直接影响整个调查工作的成败。因此，科学、有效地设计问卷至关重要。在设计问卷时，了解问卷的结构是基础。问卷由以下部分组成：

（1）卷首语。卷首语是问卷调查的自我介绍信。

（2）问题和回答方式。这是问卷的主体部分，一般包括调查所要询问的问题、回答问题的答项和方式，以及对回答方式的说明等。

（3）编码。编码就是把问卷中提出的问题和调查对象回答的答项，转变为英文字母和数字。

（4）其他资料。包括问卷名称，调查对象的地址、单位，问卷编号，访问开始时间（一般设计在问卷前面），访问结束时间，访问完成情况，调查员、审核员、录入员姓名以及他们的看法或意见等（一般设计在问卷后面）。

2. 问卷的设计步骤

设计问卷，一般应该遵循以下步骤：

（1）做好准备工作。一是确定问卷纲要，二是了解基本情况，三是研究相关问卷。

（2）设计问卷初稿。通常采用两种方法：一是卡片法，二是框图法。

（3）评审和试调查。问卷初稿设计好后，一般都应该经过主观评审和客观调查的检验。

（4）修改和定稿。只有根据主观评审意见和客观调查检验出来的问题，对问卷进行修改和补充，形成较为完善的调查问卷后，才能最后定稿。

3. 题目的类型

调查内容一般可以分为三大类：特征、意向性和行为。问卷题目分为特征题目、意向性题目、行为题目和甄别题目，目的分别是了解调查对象的特征、是什么、怎么样和检验问卷填写的真实准确程度。

（1）特征题目。特征题目是根据调查目的和要求，按一定的标志，将所研究的事物或现象区分为不同类型和组别的需要而设定的。

（2）意向性题目。意向性题目是指测量调查对象对某件事物的看法、态度、情感、认识等主观因素的题目。

（3）行为题目。行为题目是指测量调查对象过去发生的或现在正在进行的某些实际行为和有关事件的题目。

（4）甄别题目。甄别题目的目的是检验问卷填写的真实、准确程度。

4. 题目的设计方法

封闭式题目由两部分组成，即问题与选项。问题所使用的语言和提问的方式直接影响调查对象对问题的理解和回答的情绪，继而影响问卷的回收率和回收问卷的质量。问题设计要做到以下几个方面：

（1）问题要易懂易答。为了尽可能提高调查资料的效度，重要的也是首要的就是编写能被所有调查对象都理解的问题。

（2）问题的陈述要简明。问题陈述既要简短，又要保证陈述明确，不能含混不清。

（3）问题的含义要单一。在编制问卷时一个题目只能询问一个问题。

（4）提问的态度要客观。提问不能带有倾向性，也不能进行诱导，一定要客观中立。

（5）提问的方式要恰当。对于敏感性问题，不要直接提问，最好采用间接询问的方式，并且用词要特别委婉，使调查对象容易接受，愿意回答。

如果将题目比作测量的尺子，那么选项就是尺子上的刻度。刻度的准确性和符合测量的基本准则的程度，将决定问卷的系统误差。选项的编写要做到以下几个方面：

（1）要具有完备性和互斥性。这是指选项应当不重、不漏，即各选项不互相重叠、包含，且没有漏掉的项。

（2）要保持与问题的一致性，不要答非所问。

（3）内容要明确、单一。问题设计要求内容不应有双重或多重的含义，对选项同样有这样的要求。

（4）等级划分要尽可能明确。在能够量化的情况下，应尽可能用数量的范围进行分类。

（5）排列方式要科学。

5. 访谈法的类型

依据不同的标准，可以将访谈法划分为不同类型。

（1）按调查对象的数量划分：

①个别访谈。个别访谈是指研究者委派调查员对调查对象进行一对一的访谈。

②集体访谈。集体访谈也称团体访谈或座谈会，它是由研究者亲自召集一些调查对象（一人以上），由训练有素的调查员作为主持人来控制会场，使调查对象围绕调查主题展开谈话的一种访谈形式。

（2）按调查双方的接触情况划分：

①直接访谈，也称为当面访问，它是指调查员和调查对象之间进行面对面的交谈。

②间接访谈，是调查员通过电话、网络等媒介与调查对象进行交谈的一种方式。

（3）按对访谈的控制程度划分：

①结构式访谈，也称标准化访谈，是指以统一设计的、具有一定结构的问卷为媒介，按计划进行的访谈。

②无结构式访谈，也称非标准化访谈或自由式访谈。

③半结构式访谈，是一种介于结构式访谈和无结构式访谈之间的访谈形式。

6. 访谈的程序

要使访谈顺利完成，并获得高质量的调查资料，必须在访谈过程中遵循以下程序和技巧。

(1) 准备访谈：

①选择恰当的访谈方法，设计访谈问卷或提纲，学习与调查内容有关的知识。

②选择调查对象，尽可能了解调查对象的基本情况。

③选好访谈的时间、地点和场合。

(2) 进入访谈现场：

①第一印象管理。第一印象是影响调查员能否被调查对象接纳的关键因素之一，每个调查员都应该高度重视并按要求进行管理。

②开场白。在进入访谈现场后，调查员的第一步工作就是表述开场白。开场白的措辞除了要有礼貌，还要注意一些细节问题。

③营造融洽的气氛。当调查双方有了初步的认知基础，且调查对象表示愿意接受访谈后，不必急于立刻进入访谈正题，可以从对方熟悉的事情和关心的问题谈起，以打开话匣子，消除调查对象的拘束感，营造一个融洽的访谈气氛。

(3) 实施访谈：

①提问。提问是访谈的主要环节，它在访谈过程中占有重要地位，从某种程度上来说，访谈技巧首先是提问的技巧。

②听取回答。在访谈过程中，优秀的调查员不仅要恰当地提出问题，而且还要善于有效倾听调查对象的回答。

③引导与追问。在访谈中，调查员除了提出问题和听取回答，有时候还需要进行引导与追问。

④记录。访谈的目的就是获得资料，因此，做好资料记录工作是一个十分重要的环节。

(4) 结束访谈：

①掌握访谈的时间。一般情况下，调查对象保持注意力的时间是有限的。当面访问30分钟左右，电话访问20分钟左右、集体访谈和非结构式访谈一两个小时较合适。

②控制结束阶段的气氛。当访谈进入中后程的时候，调查员应该采取一定的技巧为结尾的工作做铺垫，控制好气氛。

③致谢。在访谈结束时，要真诚地感谢调查对象对调查工作的支持与配合，表示调查对象提供了很多有价值的信息和知识，并对访谈的成果给予充分的肯定。

3.3.1.5 任务分组

学生分组表

班级		组号		授课教师	
组长		学号			
组员	姓名		学号	姓名	学号

3.3.1.6 自主探学

任务工单1

组号：_____ 姓名：_____ 学号：_____ 检索号：3316-1

引导问题：

(1) 问卷的结构和设计步骤是什么？

(2) 问卷的题目类型和设计方法是什么？

(3) 根据任务描述中调查课题的研究内容设计一份完整的调研问卷。

任务工单2

组号：_____ 姓名：_____ 学号：_____ 检索号：3316-2

引导问题：

(1) 访谈的类型有哪些？访谈的程序是什么？

(2) 根据任务描述中调查课题的研究内容选择访谈类型。

(3) 根据任务描述中调查课题的研究内容设计访谈方案。

3.3.1.7 合作研学

任务工单1

组号：_____ 姓名：_____ 学号：_____ 检索号：3317-1

引导问题：

小组讨论，教师参与，确定任务工单3316-1、3316-2的最优答案，并反思自己存在的不足。

3.3.1.8 展示赏学

任务工单1

组号：_____ 姓名：_____ 学号：_____ 检索号：3318-1

引导问题：

每组推荐1个组长（或代表）进行汇报，根据汇报情况再次反思自己的不足。

_____

_____

_____

3.3.1.9 任务实施

任务工单1

组号：_____ 姓名：_____ 学号：_____ 检索号：3319-1

引导问题：

（1）对任务描述中调查课题进行问卷设计和访谈设计，明确调查问卷的结构、问题、选项，以及访谈类型和方案。先扫二维码，观看调查课题操作化演示。

（2）操作结果评价。

情景在线：问卷法与访谈法（1）

情景在线：问卷法与访谈法（2）

操作结果评价表

班级		组名		日期	
序号	评价指标	分数	评价标准		得分
1	结合任务描述中的调查课题，能够设计调查问卷	60分	调查问卷结构全面、准确（20分）		
			调查问卷问题全面、准确（20分）		
			调查问卷选项合适、准确（20分）		
2	结合任务描述中的调查课题，能够设计访谈方案	40分	访谈类型的确定全面、准确（20分）		
			访谈方案的设计全面、科学（20分）		
合计		100分	自评分		

3.3.1.10 评价反馈

任务工单1

组号：_____ 姓名：_____ 学号：_____ 检索号：33110-1

自我评价表

班级		组名		日期	
评价指标	评价内容			分数	得分
问卷设计能力	能有效对研究课题进行问卷设计，问卷结构、问题、选项设计合理			5分	

续表

评价指标	评价内容	分数	得分
感知课堂生活	能在学习中获得满足感，认同课堂生活	5分	
参与态度沟通能力	积极主动与教师、同学交流，相互尊重、理解、平等；与教师、同学之间能够保持多向、丰富、适宜的信息交流	10分	
	能处理好合作学习和独立思考的关系，做到有效学习；能提出有意义的问题或能发表个人见解	10分	
知识能力掌握情况	能陈述问卷的结构和设计步骤	5分	
	能陈述题目的类型和设计方法	5分	
	能陈述访谈的类型	5分	
	能陈述访谈的程序与技巧	5分	
	能陈述调查课题的调查问卷设计思路	15分	
	能陈述调查课题的访谈方案设计思路	15分	
辩证思维	能发现问题、提出问题、分析问题、解决问题、创新问题	10分	
自我反思	按时保质完成任务，较好地掌握知识点，具有较为全面严谨的思维能力，并能条理清楚地表达成文	10分	
自评分数等级	优：90~100分；良：80~89分；中：70~79分；及格：60~69分		
自我反思			

任务工单2

组号：_____ 姓名：_____ 学号：_____ 检索号：__33110-2__

组内互评验收表

组内验收成员	
任务要求	能陈述问卷的结构和设计步骤；能陈述题目的类型和设计方法；能陈述访谈的类型；能陈述访谈的程序与技巧；能陈述调查课题的调查问卷设计思路；能陈述调查课题的访谈方案的设计思路；文献检索数满足要求
验收文档清单	被验收文档3316-1、3316-2、3319-1任务工单
	问卷访谈方案

	评价标准	分数	得分
验收评分	能陈述问卷的结构和设计步骤	10分	
	能陈述题目的类型和设计方法	10分	
	能陈述访谈的类型	10分	
	能陈述访谈的程序与技巧	10分	
	能陈述调查课题的调查问卷设计思路	25分	
	能陈述调查课题的访谈方案设计思路	25分	
	提供文献检索清单，不少于10项，缺1项扣1分	10分	

续表

评价分数	
小组反思	

任务工单 3

组号：_____ 姓名：_____ 学号：_____ 检索号：33110-3

组间互评表

班级		被评组名		日期	
评价指标		评价内容		分数	得分
汇报表述		表述准确		15 分	
		语言流畅		10 分	
		准确反映该组完成情况		15 分	
内容正确度		内容正确		30 分	
		句型表达到位		30 分	
互评分数					
简要评述					

任务工单 4

组号：_____ 姓名：_____ 学号：_____ 检索号：33110-4

任务完成情况评价表

任务名称				总得分		
评价依据		学生完成的所有任务工单				
序号	任务内容及要求		分数	评分标准	教师评价	
					结论	得分
1	问卷结构	描述正确	5 分	酌情赋分		
		语言流畅	5 分	酌情赋分		
2	问题内容	描述正确	5 分	酌情赋分		
		语言流畅	5 分	酌情赋分		
3	选项内容	描述正确	5 分	酌情赋分		
		语言流畅	5 分	酌情赋分		
4	访谈类型	描述正确	5 分	酌情赋分		
		语言流畅	5 分	酌情赋分		

续表

序号	任务内容及要求		分数	评分标准	教师评价	
					结论	得分
5	访谈程序	描述正确	10分	酌情赋分		
		语言流畅	10分	酌情赋分		
6	访谈技巧	描述正确	10分	酌情赋分		
		语言流畅	10分	酌情赋分		
7	提供文献检索清单	描述正确	5分	酌情赋分		
		语言流畅	5分	酌情赋分		
8	素质素养评价	沟通交流	10分	酌情赋分，但违反课堂纪律，不听从组长、教师安排，不得分		
		团队合作				
		课堂纪律				
		合作探学				
		自主研学				
		逻辑缜密				
		实事求是				
		科学严谨				

任务二　资料收集与调查组织实施

3.3.2.1　任务描述

根据某地区快递员基本情况调查课题的调查目的，课题组设计了调查问卷和访谈提纲，下面是具体内容。

某地区快递员情况调查问卷

尊敬的先生/女士：

您好！我们是某地区团委和某某大学"某地区快递员情况调查"项目联合调查组的调查员，为了深入了解某地区"快递小哥"群体的有关情况，关注其生活、工作的基本状况以及对某地区生活的融入情况，我们组织了这次调查，选中您作为调查对象。调查可能要耽误您一些时间，希望得到您的配合，请您谈谈您的生活、工作、基本权益，以及城市生活融入情况。该问卷中所有问题的选项没有对错之分，只需在选项或空格处填答您的真实情况、真实想法就可以，调查是匿名的，绝不会泄露您的个人信息。十分感谢您的配合与支持！

除有特别提示外，选择题均为单选，请按照提示在相应的位置作答。

某地区团委和某某大学联合调查项目小组

调查员：

项目总执行人：×××　手机：××××××××××　工作电话：××××××××××

A 部分　基本信息

A1　您的性别是 [　　]
1. 男性　　　　　2. 女性

A2　您的出生年份是 [　　] 年（请填写具体年份）

A3　您的民族是 [　　]
1. 汉族　　　　　2. 少数民族

A4　您目前获得的最高学历是 [　　]
1. 未上学　　　2. 小学　　　　3. 初中　　　　4. 高中/中专/技校
5. 大学专科　　6. 大学本科　　7. 研究生及以上

A5　您的户口状态是 [　　]
1. 外地农业户籍　2. 外地非农户籍　3. 本地农业户籍　4. 本地非农户籍

A6　您当前的婚恋状况是 [　　]
1. 未婚　　　　2. 已婚　　　　3. 离婚　　　　4. 丧偶

A7　您的子女数量？[　　]
1. 无子女　　　2. 一个　　　　3. 两个　　　　4. 三个及以上

A8　您从事快递行业的起始年份是哪一年？[　　] 年（请填写具体年份）

A9　您从事快递行业前是否从事过其他行业？[　　]
1. 是（请注明_____）　　　2. 否

A10　您目前工作所属的快递公司是 [　　]
1. 顺丰　　　2. EMS　　　3. 圆通　　　4. 申通　　　5. 中通
6. 韵达　　　7. 京东　　　8. 百世汇通　　9. 天天　　10. 宅急送
11. 其他

A11　您目前所需要做的工作有哪些？（多选）[　　]
1. 揽收　　　2. 分拣　　　3. 封发　　　4. 转运　　　5. 投送
6. 信息录入　7. 查询　　　8. 市场开发　9. 疑难快件处理　10. 其他

B 部分　劳动权益

B1　您选择进入快递行业的主要原因是什么？（最多可选三项）[　　][　　][　　]
1. 工资水平高　2. 福利待遇好　3. 岗位需求大　4. 行业前景好
5. 入职门槛低　6. 工作便捷　　7. 其他

B2　您是通过什么渠道进入快递行业的？[　　]
1. 自己联系　　2. 私人介绍　　3. 职业中介

4. 劳务派遣　　　5. 公开招聘　　　6. 其他

B3　最近3个月中您平均每月实发工资是 [　　] 元, 有无工资拖欠现象? [　　]

1. 有　　　2. 无

B4　您目前个人月薪酬的组成部分有哪些? [　　]（多选）

1. 基本工资　　2. 计时工资　　3. 计件工资　　4. 奖金
5. 补贴　　　6. 各种福利　　7. 其他

B5　您对目前的工资水平是否满意? [　　]

1. 非常满意　　2. 比较满意　　3. 一般　　4. 不太满意　　5. 不满意

B6　您的工资标准是如何确定的? [　　]

1. 完全由企业（老板）决定
2. 个人与企业（老板）协商决定
3. 职工集体（代表）和企业（老板）谈判
4. 企业工会和企业谈判
5. 不清楚

B7　您认为目前工资的确定标准是否合理? [　　]

1. 非常合理　　2. 比较合理　　3. 一般　　4. 不太合理　　5. 不合理

B8　您是否了解并参加了所在快递公司组织的行业安全培训? [　　]

1. 了解, 参加过　　　　　2. 了解, 但没参加
3. 不了解, 也没参加　　　4. 没有相应培训

B9　您所在快递公司是否有岗前体检? [　　]

1. 有　　　2. 无

B10　您是否在快递工作过程中发生交通事故或者其他意外人身伤害? [　　]

1. 经常发生　　2. 很少发生　　3. 没有发生过

B11　您是否了解所在公司对事故的处理方式及应急措施? [　　]

1. 了解　　　2. 一般　　　3. 不了解

B12　最近3个月中您平均每月工作 [　　] 天、轮休 [　　] 天、每天工作 [　　] 小时。

B13　如何看待您在快递行业中的工作压力? [　　]

1. 非常大　　2. 比较大　　3. 一般　　4. 不太大　　5. 很小

B14　您在工作日能否合理安排一日三餐的时间? [　　]

1. 可以, 生活比较规律　　2. 一般　　3. 太忙, 经常不确定

B15　您在工作日中能否合理安排午休时间? [　　]

1. 可以　　　2. 一般　　　3. 不可以

B16　过去3个月中, 您在工作期间是否经历过下列情况? （请在相应的空格内打"√"）

项目	经常有	偶尔有	没有
拖欠工资	1	2	3
被管理人员侮辱	1	2	3

续表

项目	经常有	偶尔有	没有
强制加班	1	2	3
遭遇工伤、职业病	1	2	3
单位不按时缴纳社保	1	2	3
企业罚款过多	1	2	3
劳务派遣工与正式工同工不同酬	1	2	3

B17　您是否与目前的工作单位签订了劳动合同？[　　]

1. 没签订（跳转至 B20）　　2. 签订了固定期限劳动合同，期限为 [　　] 年
3. 签订了无固定期限劳动合同　　4. 不清楚

B18　您是否了解您所签订的劳动合同中的权利和义务？[　　]

1. 非常了解　　2. 比较了解　　3. 一般了解　　4. 不太了解　　5. 完全不了解

B19　您所在的工作单位是否有不按劳动合同履行义务的现象？[　　]

1. 经常有　　2. 偶尔有　　3. 没有　　4. 不清楚

B20　您是否在劳动权益受损时寻求工会或其他维权部门帮助？[　　]

1. 有　　2. 没有

B21　您认为将来快递员这个岗位发展趋势会怎样？[　　]

1. 发展势头良好，经济效益较高　　2. 发展势头平稳，经济效益一般
3. 发展势头较差，经济效益较低　　4. 不清楚

B22　就您对目前工作单位的观察或体验而言，您认为您所在单位的人员流动性与稳定性如何？[　　]

1. 稳定性较好，人员流动率较低　　2. 稳定性与人员流动率一般
3. 稳定性较差，人员流动率较高　　4. 不清楚

B23　您认为您所在单位员工的平均收入在当地属于哪一层次？[　　]

1. 上层　　2. 中上层　　3. 中层　　4. 中下层　　5. 下层

B24　您认为自己在未来的 6 个月内失业的可能性有多大？[　　]

1. 非常有可能　　2. 有可能　　3. 不确定　　4. 不太可能　　5. 非常不可能

B25　下表可能表达您对目前这份工作下列方面的满意程度，请您对您目前的工作状况进行评价。（请在相应的空格内打"√"）

项目	非常不满意	不太满意	一般	比较满意	非常满意
工作收入	1	2	3	4	5
工作安全性	1	2	3	4	5
工作稳定性	1	2	3	4	5
工作环境	1	2	3	4	5
工作时间	1	2	3	4	5
晋升机会	1	2	3	4	5

续表

项目	非常不满意	不太满意	一般	比较满意	非常满意
工作趣味性	1	2	3	4	5
能力和技能的展现	1	2	3	4	5
他人给予工作的尊重	1	2	3	4	5
工作中表达意见机会	1	2	3	4	5
整体满意度	1	2	3	4	5

C 部分　社会保障状况

C1　您是否参加了以下社会保障项目？（多选，填写所有您参加的）[　　]
1. 养老保险　　2. 医疗保险　　3. 失业保险　　4. 工伤保险　　5. 生育保险
6. 补充医疗保险　7. 补充养老保险（企业年金）　　8. 长期照护险　　9. 住房公积金

C1-1　您参加了哪种类型的养老保险？[　　]
1. 新型农村养老保险　　　　2. 城市居民养老保险
3. 城镇职工养老保险　　　　4. 没有参加养老保险

C1-2　您参加了哪种类型的医疗保险？[　　]
1. 新农合　　　　　　　　　2. 城市居民医疗保险
3. 城镇职工医疗保险　　　　4. 没有参加医疗保险

C1-3　（如果未参加社会保险）您未参加社会保险的原因是？[　　]
1. 想参加，但单位未履行参保义务　2. 参加了其他替代性商业保险
3. 社会保险负担过重，不愿参加　　4. 其他

C2　您是否了解每月缴纳的"五险一金"的金额？[　　]
1. 是　　　　2. 否（选2的直接回答C4）

C3　您在近期平均每月缴纳/扣除的社会保险费用为[　　]元，您是否觉得当前的社会保险费用给您的生活造成了压力？[　　]
1. 压力较大　　2. 一般　　　　3. 没压力

C4　您认为目前的养老金水平是否够支付您的养老费用？[　　]
1. 是（回答C5）2. 否（回答C4-1）

C4-1　您准备用何种方式支付您剩余的养老费用？[　　]（多选）
1. 子女供养　　2. 购买商业保险　3. 银行存款
4. 住房等固定财产收入　　　5. 其他方式　　6. 没考虑过

C5　在经济条件允许的情况下，您是否愿意购买商业保险？[　　]
1. 是　　　　2. 否

C6　您和您家人购买了哪些商业保险？（多选，填写所有您购买的）[　　]
1. 意外伤害保险　2. 商业养老保险　3. 医疗保险　　4. 子女教育金保险
5. 家庭财产保险　6. 机动车辆或第三者责任保险
7. 贷款保证保险　8. 其他　　　　9. 以上都没买

C7 在过去的半年，您是否得过病？[　　]
1. 得过　　　　2. 没得过
C7-1 如果您得过病，是如何治疗的？[　　]
1. 在居住城市的医院门诊治疗　　　　2. 在居住城市的医院住院治疗
3. 在居住城市的社区卫生服务机构治疗　　　　4. 在居住城市的私人诊所治疗
5. 自己到药店买药治疗　　　　6. 回到户籍所在地看病
7. 没钱看病，自己痊愈　　　　8. 其他
C7-2 过去半年您治病就医共花费[　　]元，其中报销[　　]元
C8 您在参加社会保险中存在哪些问题？

D 部分　工作压力

请在下面每条题目中，圈上最能表达您的想法的选项。

Ⅰ 您对于以下工作压力的看法（请按您的真实感受填写）。

项目	完全不同意	较不同意	不确定	比较同意	完全同意
任务压力					
1. 我感觉到派收任务量大，时间紧迫	1	2	3	4	5
2. 我有时感觉到工作量过大	1	2	3	4	5
3. 我的工作节奏快	1	3	4	5	5
4. 我的工作时间长，假期较少	1	2	3	4	5
5. 我的工作单调乏味，缺乏挑战性	2	3	4	5	5

Ⅱ 以下是您为客户提供派收服务时可能面临的情况，圈上与实际工作符合的一项。

项目	完全不符合	较不符合	不确定	比较符合	完全符合
顾客相关的社会压力					
1. 有些顾客总是需要特别的派收服务	1	2	3	4	5
2. 有些顾客认为他们比其他顾客重要	1	2	3	4	5
3. 有些顾客要求我去做一些他们自己可以做的事情	1	2	3	4	5
4. 有些顾客对我发泄不良情绪	1	2	3	4	5
5. 顾客不能够理解我必须遵守公司的特定规则	1	2	3	4	5
6. 在我的顾客中，毫无原因的抱怨是常见的	1	2	3	4	5
7. 顾客的要求通常是过分的	1	2	3	4	5
8. 顾客是没有耐心的	1	2	3	4	5

续表

项目	完全不符合	较不符合	不确定	比较符合	完全符合
9. 顾客对我大吼大叫	1	2	3	4	5
10. 顾客会说攻击性的语言	1	2	3	4	5
11. 顾客会因为很小的事情生气	1	2	3	4	5
12. 有些客户会在整个派收过程中一直和我争吵	1	2	3	4	5
13. 派收工作节奏被特定的顾客打破	1	2	3	4	5
14. 有些顾客长时间不接电话，无法提供派收服务	1	2	3	4	5
15. 有些顾客会提出我不能提供的派收服务要求	1	2	3	4	5

Ⅲ 以下是单位为您提供的工作协助与支持，圈上您的看法（请按您的真实感受填写）。

项目	完全不同意	较不同意	不确定	比较同意	完全同意
工具性支持					
1. 公司会尽力为我提供工作所需的运输工具及设备支持	1	2	3	4	5
2. 公司会尽力为我提供工作所需的培训或相关支持	1	2	3	4	5
3. 公司会尽力为我提供工作服等相关支持	1	2	3	4	5
4. 公司会尽力为我提供工作所需的人员和资讯支持	1	2	3	4	5
5. 公司会尽力为我提供良好的工作环境和条件设施	1	2	3	4	5
情感性支持					
1. 公司关心我的福利	1	2	3	4	5
2. 公司尊重我的意见	1	2	3	4	5
3. 当我在工作中遇到困难时，公司会帮助我	1	2	3	4	5
4. 当我在生活上遇到困难时，公司会尽力帮助我	1	2	3	4	5
5. 公司尊重我的目标和价值	1	2	3	4	5
6. 公司关心我的个人发展	1	2	3	4	5
7. 公司关心我的个人感受	1	2	3	4	5

E 部分　工作满意度

E　以下是您对目前工作的感受，请您仔细阅读每一道题目，找出最符合您的想法的一项，在数字上打√。

E1　我认为我的工作是繁重的
1. 非常同意　　2. 同意　　3. 一般　　4. 不同意　　5. 非常不同意

E2　我认为我的工作是令人愉快的
1. 非常同意　　2. 同意　　3. 一般　　4. 不同意　　5. 非常不同意

E3　我认为我的工作是具有挑战性的
1. 非常同意　　2. 同意　　3. 一般　　4. 不同意　　5. 非常不同意

E4　我对目前的工作感到满意
1. 非常同意　　2. 同意　　3. 一般　　4. 不同意　　5. 非常不同意

E5　我能认同我的直接主管领导的风格及管理方式
1. 非常同意　　2. 同意　　3. 一般　　4. 不同意　　5. 非常不同意

E6　我与我的直接主管能进行有效沟通
1. 非常同意　　2. 同意　　3. 一般　　4. 不同意　　5. 非常不同意

E7　当工作上有需要时，我的直接主管领导能给予我有价值的帮助
1. 非常同意　　2. 同意　　3. 一般　　4. 不同意　　5. 非常不同意

E8　我的直接主管领导能在工作中给我适度的关怀
1. 非常同意　　2. 同意　　3. 一般　　4. 不同意　　5. 非常不同意

E9　同事之间具有分工合作的团队精神
1. 非常同意　　2. 同意　　3. 一般　　4. 不同意　　5. 非常不同意

E10　我认为我的同事们能适时地称赞我的工作表现
1. 非常同意　　2. 同意　　3. 一般　　4. 不同意　　5. 非常不同意

E11　我与同事间有着良好的关系
1. 非常同意　　2. 同意　　3. 一般　　4. 不同意　　5. 非常不同意

E12　我认为同事间相处融洽，感觉像一个大家庭
1. 非常同意　　2. 同意　　3. 一般　　4. 不同意　　5. 非常不同意

E13　我很满意本单位的升职机会
1. 非常同意　　2. 同意　　3. 一般　　4. 不同意　　5. 非常不同意

E14　我很满意本单位的升职制度
1. 非常同意　　2. 同意　　3. 一般　　4. 不同意　　5. 非常不同意

E15　我很满意本单位的升职速度
1. 非常同意　　2. 同意　　3. 一般　　4. 不同意　　5. 非常不同意

E16　我认为本单位的升职制度是公平的
1. 非常同意　　2. 同意　　3. 一般　　4. 不同意　　5. 非常不同意

E17　我认为我的报酬是足够生活的
1. 非常同意　　2. 同意　　3. 一般　　4. 不同意　　5. 非常不同意

E18 我认为我的报酬是与工作相符的
1. 非常同意   2. 同意   3. 一般   4. 不同意   5. 非常不同意

E19 我认为本单位的薪资能鼓励大家努力工作
1. 非常同意   2. 同意   3. 一般   4. 不同意   5. 非常不同意

E20 我很满意本单位的薪资
1. 非常同意   2. 同意   3. 一般   4. 不同意   5. 非常不同意

E21 我很满意本单位的福利
1. 非常同意   2. 同意   3. 一般   4. 不同意   5. 非常不同意

F 部分　生活居住状况

F1　您的户籍所在地在为 [　　]
1. 某地区当地（回答 1 的直接到 F8 作答）
2. ＿＿＿＿省/直辖市/自治区 ＿＿＿＿市/地区/自治州 ＿＿＿＿县/市/区

F2　您是哪一年来到某地区居住/生活的？
从 [　　] 年来到某地区居住/生活（请填写具体年份）

F3　您来到某地区最主要的考虑因素是 [　　]
1. 经济收入   2. 社会环境   3. 子女教育条件   4. 医疗和社会保障
5. 自然环境   6. 婚姻家庭   7. 其他

F4　您认为您自己对某地区生活的适应程度如何？[　　]
1. 非常适应   2. 比较适应   3. 一般   4. 不太适应   5. 完全不适应

F5　您有落户某地区的意愿吗？[　　]
1. 有   2. 还在考虑当中   3. 没有

F6　您认为某地区的户籍准入政策的相关标准如何？[　　]
1. 落户标准较高，限制性条件较多   2. 落户标准与限制性条件一般
3. 落户标准较低，限制性条件较少   4. 不好说

F7　您认为落户某地区（或以后落户某地区）会（或可能会）给您和家人的生活带来便利吗？[　　]
1. （可能）带来了很多便利   2. （可能）带来了一定便利
3. （可能）没有什么便利   4. 不好说

F8　您目前居住在什么地方？[　　]
1. 企业员工宿舍 2. 私人出租屋 3. 工作场所   4. 自购房   5. 自建房
6. 借住亲友房   7. 公租房   8. 廉租房   9. 其他（请注明＿＿＿＿）

F9　您现在居住的位置属于 [　　]
1. 市区   2. 近郊区   3. 远郊区   4. 农村

F10　您在城镇中有 [　　] 套产权房，总面积 [　　] 平方米。

F11　您目前的住房建筑类型是 [　　]
1. 简易房（临时板房）   2. 普通平房   3. 老式楼房（1990 年以前建）
4. 新式楼房（1990 年及以后建） 5. 其他（请注明＿＿＿＿）

F12　您目前居住面积为 [　　] 平方米，[　　] 室 [　　] 厅，有 [　　] 人共同居住，其中家人 [　　] 人。

F13　（如当前住房为自有产权或与单位共有产权的）您当前住房的购买时间是 [　　] 年，当时的总价是 [　　] 万元，现在的市值大约是 [　　] 万元，房贷还需要 [　　] 年还清（没有房贷的请填写0），这套住房给您造成的还贷压力 [　　]

　　1. 非常大　　2. 比较大　　3. 一般大　　4. 没有压力（没有房贷的无须回答）

（如当前住房为租住房屋）这套住房每月的租金是 [　　] 元，租金给您带来的生活压力 [　　]

　　1. 非常大　　2. 比较大　　3. 一般大　　4. 没有压力

F14　您的居住地到上班场所需要的时间是 [　　] 分钟，往返一次交通费用是 [　　] 元

F15　××××年上半年您个人的下列各项支出情况是怎样的？（请填写具体数字，没有此项收入填0000000，不可能存在这些收入填9999999）

消费支出情况	金额/元						
	百万	十万	万	千	百	十	个
1. 总支出	[　]	[　]	[　]	[　]	[　]	[　]	[　]
2. 日常生活支出（除下列支出外的衣食住行等）	[　]	[　]	[　]	[　]	[　]	[　]	[　]
3. 个人教育学习支出（培训课程、书籍等）	[　]	[　]	[　]	[　]	[　]	[　]	[　]
4. 购房首付（仅指××××年）	[　]	[　]	[　]	[　]	[　]	[　]	[　]
5. 房贷支出	[　]	[　]	[　]	[　]	[　]	[　]	[　]
6. 租房支出（不包括物业费）	[　]	[　]	[　]	[　]	[　]	[　]	[　]
7. 购车支出（包括购车、还贷、拍牌等）	[　]	[　]	[　]	[　]	[　]	[　]	[　]
8. 人情往来支出（礼品和礼金）	[　]	[　]	[　]	[　]	[　]	[　]	[　]
9. 旅游度假/健身/娱乐文化支出	[　]	[　]	[　]	[　]	[　]	[　]	[　]
10. 医疗支出	[　]	[　]	[　]	[　]	[　]	[　]	[　]
11. 其他支出	[　]	[　]	[　]	[　]	[　]	[　]	[　]

F16　过去一年，您是否经常在空余时间从事以下活动？（请在相应的数字上打"√"）

项目	每天	一周数次	一月数次	一年数次或更少	从不
1. 看电视或者看碟	1	2	3	4	5
2. 出去看电影	1	2	3	4	5
3. 逛街购物	1	2	3	4	5
4. 读书/报纸/杂志	1	2	3	4	5
5. 参加文化活动（比如听音乐会、看演出和展览）	1	2	3	4	5

续表

项目	每天	一周数次	一月数次	一年数次或更少	从不
6. 与不住在一起的亲戚聚会	1	2	3	4	5
7. 与朋友聚会	1	2	3	4	5
8. 在家听音乐	1	2	3	4	5
9. 参加体育锻炼	1	2	3	4	5
10. 现场观看体育比赛	1	2	3	4	5
11. 做手工（比如刺绣、木工）	1	2	3	4	5
12. 上网	1	2	3	4	5
13. 个人文娱活动（比如乐器、书画）	1	2	3	4	5

F17　在过去的 12 个月中，您阅读了大约多少本书？[　　]

F18　您阅读的书中，主要是哪些类型的？（最多可选三项）[　　][　　][　　]

1. 动漫绘本　　　　　2. 网络文学（如玄幻小说、言情小说、探险小说）
3. 科幻与科学　　　　4. 中外经典名著/小说
5. 人文社科艺术（如历史、社会科学、政治、军事、国学、文化艺术）
6. 投资与理财　　　　7. 励志与成功（如成功学、时间管理、心灵鸡汤）
8. 生活指南类（如健康养生、育儿、旅游、烹饪、家居、时尚）　　9. 专业与考试类

F19　您目前居住的地方外地人多吗？[　　]

1. 几乎全部是外地人　　2. 多数是外地人　　　3. 外地人、本地人各一半
4. 多数是本地人　　　　5. 几乎全部是本地人　6. 不清楚

F20　您与不同社会地位的人之间的交往程度如何？[　　]

1. 来往很多　　　　2. 来往较多　　　　3. 来往较少　　　　4. 没有来往

某地区快递员状况访谈提纲

访问时间：

访问地点：

访问员：

一、访问对象基本信息

性别：　　　　年龄：　　　　从业年限：　　　　户籍所在地：

婚姻状况：　　子女个数：　　所属快递公司名称：　　　　月平均收入：

二、生活状况

1. 您居住在哪里？（郊区平房、郊区楼房合租、郊区楼房独租、外环以内楼房合租、外环以内楼房独租、公司提供宿舍）

2. 每个月房租支出是多少？

3. 生活开支主要在哪些方面？
4. 抚养或赡养家人情况。
5. 在工作地好朋友有几位？（有困难能够互相帮助的）
6. 过去半年中对你帮助很大的人是谁？（家长、朋友、老乡、同事、网友）

三、工作情况

1. 您每天工作时间大约多久？每天大约派送多少快件？自己感觉累不累？
2. 自己平时的一日三餐规律吗？都是如何解决自己的就餐问题的？
3. 你们吃饭是自己买还是公司包？
4. 每天有最低派送件数要求吗？
5. 交通工具是自备还是公司提供？

四、权益维护与社会保障情况

1. 您与快递公司有劳动合同吗？您的合同期限是几年？有试用期吗？
2. 有没有拖欠工资的情况？
3. 您对合同内容里的相关权益了解吗？
4. 过去半年内，您同事或您本人有没有发生过与公司的合同纠纷？如果有，结果是怎么样的？
5. 公司给您缴纳了哪些保险？（养老、医疗、工伤、生育、失业、公积金情况）
6. 过去半年内有没有生病？在哪里就医的？大约花了多少钱？公司有报销吗？
7. 在与顾客发生纠纷时，您得到过公司的帮助吗？一般是怎样处理的？

五、在某地区的融入情况

1. 当您有休息日时，您去某地区内哪些地方游玩过？
2. 过去半年内，在某地区有过几次朋友或老乡、亲人的聚会？
3. 你结交了本地的朋友吗？他们在哪些方面给予您帮助？
4. 您下班后，一般选择什么样的娱乐休闲项目？
5. 平时，与您交往频繁的有哪些人？他们一般从事什么行业？
6. 您喜欢某地区吗？将来想留在某地区定居吗？为什么？

谢谢您的配合，祝您工作顺利、平安健康！

基于上述调查课题选择资料收集方法，挑选、培训调查员，并进行督导。

3.3.2.2 学习目标

1. 素质目标

（1）培养诚实、认真、谦虚、耐心的工作态度；
（2）培养勤奋、负责、务实、创新的工作精神；
（3）培养实事求是、细致入微的调查态度和高要求、高标准、高质量的调查工作作风。

2. 知识目标

（1）掌握资料收集方法和选择技巧；
（2）掌握调查员的挑选与培训方法；
（3）掌握调查员的督导方法。

3. 能力目标

（1）能够根据调查课题选择资料收集方法；

（2）能够根据调查课题挑选、培训调查员；

（3）能够用团队合作、头脑风暴等方式进行资料收集方法的确定和调查员挑选、培训、督导方案设计。

3.3.2.3 任务分析

1. 重点

（1）资料收集方法和选择技巧；

（2）调查员的挑选和培训方法；

（3）调查员的督导方法。

2. 难点

（1）研究课题资料收集方法的确定；

（2）调查员挑选、培训和督导方案的设计。

3.3.2.4 知识链接

微课视频：资料收集与调查组织实施

知识链接：资料收集与调查组织实施

1. 资料收集方法

在调查研究中，需要结合调查研究的背景和条件选择合适的资料收集方法。资料收集方法主要包括以下几种：

（1）自填问卷。让调查对象自行填答问卷是一种常用的资料收集方法，包括邮寄问卷、留置问卷和集中填答等几种形式。

（2）当面访问。当面访问不是让调查对象自己阅读和填答问卷，而是由专门的调查员按照问卷问题，向调查对象进行口头提问，并根据调查对象的回答圈出答案。

（3）电话访问。借助于电话这种通信工具进行问卷访问。

（4）网络调查。这是以互联网信息技术为研究工具，利用网页问卷、电子邮件问卷、网上聊天室、电子公告板、社交网络平台等来收集调查数据和访谈资料的一种新式调查方法。

2. 资料收集方法选择技巧

在选择资料收集方法时，需要综合考虑以下几方面因素：

（1）成本。这是一项硬约束条件，没有足够的资金支持，就没有选择的空间。

（2）总体与抽样。这方面主要有两点考虑：一是抽样总体的受教育水平，二是抽样总体参与调查的兴趣和动机。

（3）调查周期。不同的资料收集方法，所耗费的时间也有所不同。一般说来，自填问卷的调查时间最长，其次是当面访问，电话访问的时间最短。

（4）调查内容。调查内容对选择资料收集方法的影响有两点：一是敏感性程度，二是复杂性程度。

（5）问卷回收率。在收集资料的过程中，问卷回收率是一个需要被慎重对待的因素，因为它对样本代表性有着决定性的影响。

（6）资料质量。资料收集方法不同，影响资料质量的因素也不同。

3. 调查员的挑选

无论是哪一种资料收集方法，都需要借助调查员来实施，找不到合适的调查员，资料收集只能是纸上谈兵。调查员的选择需要考虑以下因素：

（1）基本条件：

①调查员应具备良好的读写能力和文字理解能力。

②调查员最好是一种兼职人员。

③调查员必须有弹性的工作时间。

（2）人口学特征。调查员的人口学特征通常会对调查对象与调查员之间的关系产生影响，即具有某些人口学特征可能会使调查员更容易被接受，或更容易与调查对象维持互动关系。需要根据调查对象的人口学特征匹配调查员，主要考虑的人口学特征有以下几点：

①年龄。

②性别。

③民族。

④教育水平。

4. 调查员的培训

培训调查员是一个非常重要的环节。新招募的调查员，无论是否从事过调查工作，都要接受调查前的常规培训。对调查员的培训需要把握以下关键要素：

（1）培训内容。对调查员进行培训，大致包括以下内容：调查项目的有关情况、抽样方法和问卷、访问的技巧及方法、调查中的注意事项和职业道德。

（2）培训方式。调查员的培训可采用以下几种方式：讲课、示范、模拟访问和督导访问。

（3）培训时间。一般来说，在专业调查机构中，基本的调查员培训大多持续 2 到 5 天。

5. 调查员的督导

督导是指第一次调查后的监督、指导和评估工作。除了通过培训不断提高调查员的素质来克服调查误差，有效的督导也能将调查误差进一步降低。

（1）督导指标：

①成本。从成本角度评估调查员，要先计算每个调查员平均完成一份问卷所花费的时间和金钱的数目。

②回答率。在评估调查员时，成功完成访问的比例是一项重要的指标，通常被称为回答率。

③质量。对调查员工作质量的评估有两个重要依据。其中一个依据是在调查进行时随时检查他们完成的问卷的质量，看看记录是否清晰准确，跳题部分完成得是否正确，所采集的答案能否进行编码。

（2）督导方法：

①现场督导。在访问正式开始后，督导员就应伴随访问进行一些现场督导。现场督导可以采取公开方式，也可以采取隐蔽方式。

②质量控制和检查。为了控制访问的质量，督导员每天都要逐份检查调查员当天完成

的问卷，检查的内容包括问卷是否填答完整，有没有漏答的情况，有没有字迹模糊看不清的地方，跳答题是不是都按要求跳答了，等等。

③处罚舞弊行为。一旦发现调查员有舞弊行为，唯一的处理办法就是将其解雇，并将其完成的问卷一律当作废卷处理。

3.3.2.5 任务分组

学生分组表

班级		组号		授课教师	
组长		学号			
组员	姓名	学号		姓名	学号

3.3.2.6 自主探学

任务工单1

组号：_____ 姓名：_____ 学号：_____ 检索号：3326-1

引导问题：

（1）请陈述有哪些资料收集方法。

_____

_____

_____

（2）资料收集的优缺点是什么。

_____

_____

_____

（3）根据选择的资料收集方法的特点，设计整体资料收集方案。

_____

_____

_____

模块三 社会调查实施

任务工单 2

组号：_____ 姓名：_____ 学号：_____ 检索号：__3326-2__

引导问题：

（1）请陈述调查员的挑选标准、培训方法和督导方法。
_____
_____
_____

（2）根据任务描述中调查课题的资料收集方法确定调查员挑选和培训方案。
_____
_____
_____
_____

（3）根据任务描述中调查课题的资料收集方法确定调查员督导方案。
_____
_____
_____
_____

3.3.2.7 合作研学

任务工单 1

组号：_____ 姓名：_____ 学号：_____ 检索号：__3327-1__

引导问题：

小组讨论，教师参与，确定任务工单3326-1、3326-2的最优答案，并反思自己存在的不足。
_____
_____
_____

3.3.2.8 展示赏学

任务工单 1

组号：_____ 姓名：_____ 学号：_____ 检索号：__3328-1__

引导问题：

每组推荐1个组长（或代表）进行汇报，根据汇报情况再次反思自己的不足。
_____
_____
_____
_____

3.3.2.9 任务实施

任务工单1

组号：_____ 姓名：_____ 学号：_____ 检索号：__3329-1__

引导问题：

（1）依据任务描述中的调查课题选择资料收集方法，明确调查员的挑选、培训、督导方案。先扫二维码，观看调查课题操作化演示。

（2）操作结果评价。

情景在线：资料收集与调查组织实施1

情景在线：资料收集与调查组织实施2

操作结果评价表

班级			组名		日期	
序号	评价指标	分数		评价标准		得分
1	结合任务描述中的调查课题，能够制订资料收集方案	40分		资料收集方法选择全面、准确（20分）		
				资料收集方案合适、准确（20分）		
2	结合任务描述中的调查课题，能够制订挑选、培训调查员的方案	40分		调查员的挑选合适、有效（20分）		
				调查员的培训全面、科学（20分）		
3	结合任务描述中的调查课题，能够制订督导调查员的方案	20分		调查员的督导科学、有效（20分）		
	合计	100分		自评分		

3.3.2.10 评价反馈

任务工单1

组号：_____ 姓名：_____ 学号：_____ 检索号：__33210-1__

自我评价表

班级		组名		日期	
评价指标	评价内容			分数	得分
资料收集方法选择能力	能有效对研究课题进行资料收集方法选择，资料收集方案设计合理			5分	
感知课堂生活	能在学习中获得满足感，认同课堂生活			5分	
参与态度沟通能力	积极主动与教师、同学交流，相互尊重、理解、平等；与教师、同学之间能够保持多向、丰富、适宜的信息交流			10分	
	能处理好合作学习和独立思考的关系，做到有效学习；能提出有意义的问题或能发表个人见解			10分	

续表

评价指标	评价内容	分数	得分
知识能力掌握情况	能陈述资料收集方法	5分	
	能陈述资料收集方法选择技巧	5分	
	能陈述调查员挑选标准	5分	
	能陈述调查员培训方法	5分	
	能陈述调查员督导方法	5分	
	能陈述任务描述中调查课题的资料收集方案思路和调查员挑选、培训、督导方案设计思路	25分	
辩证思维	能发现问题、提出问题、分析问题、解决问题、创新问题	10分	
自我反思	按时保质完成任务，较好地掌握知识点，具有较为全面严谨的思维能力，并能条理清楚地表达成文	10分	
自评分数等级	优：90~100分；良：80~89分；中：70~79分；及格：60~69分		
自我反思			

任务工单2

组号：_____ 姓名：_____ 学号：_____ 检索号：__33210-2__

组内互评验收表

验收组长		组名		日期	
组内验收成员					
任务要求	能陈述资料收集方法；能陈述资料收集方法选择技巧；能陈述调查员挑选标准；能陈述调查员培训方法；能陈述调查员督导方法；能陈述任务描述中调查课题的资料收集方案思路和调查员挑选、培训、督导方案设计思路；文献检索数满足要求				
验收文档清单	被验收文档3326-1、3326-2、3329-1任务工单				
	问卷、访谈方案				
验收评分	评价标准			分数	得分
	能陈述资料收集方法			10分	
	能陈述资料收集方法选择技巧			10分	
	能陈述调查员挑选标准			10分	
	能陈述调查员培训方法			10分	
	能陈述调查员督导方法			10分	
	能陈述任务描述中调查课题的资料收集方案思路和调查员挑选、培训、督导方案设计思路			40分	
	提供文献检索清单，不少于10项，缺1项扣1分			10分	

续表

评价分数	
小组反思	

任务工单 3

组号：_____ 姓名：_____ 学号：_____ 检索号：__33210-3__

组间互评表

班级		被评组名		日期	
评价指标	评价内容			分数	得分
汇报表述	表述准确			15分	
	语言流畅			10分	
	准确反映该组完成情况			15分	
内容正确度	内容正确			30分	
	句型表达到位			30分	
互评分数					
简要评述					

任务工单 4

组号：_____ 姓名：_____ 学号：_____ 检索号：__33210-4__

任务完成情况评价表

任务名称			总得分		
评价依据	学生完成的所有任务工单				
序号	任务内容及要求		分数	评分标准	教师评价
					结论 / 得分
1	资料收集方法	描述正确	5分	酌情赋分	
		语言流畅	5分	酌情赋分	
2	资料收集方法选择	描述正确	5分	酌情赋分	
		语言流畅	5分	酌情赋分	
3	调查员挑选	描述正确	5分	酌情赋分	
		语言流畅	5分	酌情赋分	
4	调查员培训	描述正确	5分	酌情赋分	
		语言流畅	5分	酌情赋分	

续表

序号	任务内容及要求		分数	评分标准	教师评价	
					结论	得分
5	调查员督导	描述正确	5分	酌情赋分		
		语言流畅	5分	酌情赋分		
6	资料收集方案思路和调查员挑选、培训、督导方案思路	描述正确	10分	酌情赋分		
		语言流畅	10分	酌情赋分		
7	提供文献检索清单	描述正确	10分	酌情赋分		
		语言流畅	10分	酌情赋分		
8	素质素养评价	沟通交流	10分	酌情赋分，但违反课堂纪律，不听从组长、教师安排，不得分		
		团队合作				
		课堂纪律				
		合作探学				
		自主研学				
		诚实认真				
		勤奋负责				
		细致入微				

模 块 四

社会调查研究

社会研究者运用各种方法收集到一批数据资料后,使用 SPSS 软件对这些资料进行统计分析,反映更大规模的社会现象的某些部分,将所有这些部分的资料合起来,撰写社会调查报告,我们就可以"经验地"认识社会现象的整体。本模块包括井然有序、有条有理,盈千累万、星罗云布,逻辑严谨、有理有据等三个项目。

项目一 井然有序、有条有理

运用前面介绍的方法收集到调查资料后,我们接下来的任务就是要对这些原始资料(主要是问卷形式的资料)进行整理,形成有效问卷,使之成为统计分析的基本数据,资料的审核主要包括对原始资料的审核、复查,以便提高资料收集工作的质量,利用 SPSS 软件对问卷资料进行编码、录入和数据清理。

任务一 整理资料与资料审核

4.1.1.1 任务描述

课题组面向某地区养老服务业进行了社会调查,制定《某地区养老服务业状况调查问卷》并开展问卷调查,收集回有效问卷 986 份,进行调查资料整理和审核,通过对原始资料的整理、初步的审查和核实,校正错填、误填的答案,剔除乱填、空白和严重缺答的废卷后,完成该问卷的编码工作。要高质量地完成这一任务,首先需要制作问卷编码手册,然后依据编码手册对问卷进行编码。

4.1.1.2 学习目标

1. 素质目标
(1)培养实事求是、科学严谨、认真细致的工作态度;
(2)培养精益求精、精雕细琢的工匠精神;
(3)培养友爱、互助、合作的团队合作精神。

2. 知识目标
(1)掌握原始资料审核与复查方法;
(2)掌握编码手册的制作方法;

（3）掌握问卷编码的规则和编码方法。

3. 能力目标

（1）能够求真实、准确、完整、统一地做好调查资料的整理；

（2）能够对所收集的原始资料进行初步的审阅，校正错填、误填的答案，剔出乱填、空白和严重缺答的废卷；

（3）能够对调查问卷进行编码和制作编码手册。

4.1.1.3 任务分析

1. 重点

（1）原始资料整理的意义和原则；

（2）原始资料的审核、复查的方法；

（3）问卷编码手册的制作。

2. 难点

（1）问卷编码和编码手册的制作；

（2）不同题型答案代码的确定。

微课视频：整理资料与资料审核

4.1.1.4 知识链接

1. 整理资料

（1）整理资料的意义。整理资料，是指运用科学系统的方法，对通过调研获得的原始资料进行审核、检验、分类、初步加工，使收集到的资料系统化和条理化，符合统计分析的标准，并能通过统计分析反映总体的概况。

知识链接：整理资料与资料审核

①有利于提高资料的质量。整理资料的过程是将分散凌乱的原始资料梳理并归纳的过程。因为调研过程中的误差难免会使原始资料出现虚假、差错、短缺等现象，这些现象都会使调查资料质量和使用价值大打折扣。

②有利于提高资料的使用价值。整理资料就是一个将调查资料由表及里、由此及彼、去粗取精、去伪存真以及综合提升的过程，其主要目的在于为后期研究带来更全面化和便捷化的信息服务，而良好的资料管理工作有助于确保信息资料内容的准确性与清晰性。

③有利于不断开发新的资料信息。在整理资料工作中，研究人员利用自身的智力及创造性思维，针对已有的资料内容实施深化，能够挖掘并开发出新的信息。

（2）整理资料的原则：①实事求是。实事求是是整理资料的第一原则，资料只有在实事求是的态度和操作规范上获得，才具有分析价值。

②精确恰当。精确恰当是整理资料的第二原则。它包含两层含义：一是保证整理后的资料准确、精确地反映事实；二是保证整理出来的数据能恰当有效地反映调研对象的现状。

③完整统一。完整统一是整理资料的第三原则。整理反映某一社会现象的资料，应尽可能地全面、完整，以便真实地反映调查对象的全貌。

2. 资料的审核

资料审核是指研究者对所收集的原始资料（主要是问卷）进行初步的审阅，校正错填、误填的答案，剔出乱填、空白和严重缺答的废卷。

（1）资料的审核方法：

①实地审核。即边调查边审核。这种审核是在实施调查的过程中，对回收的问卷进行当场审核，主要排查具有明显填答错误或空白和严重答缺的问卷，以便及时进行询问核实。当场审核能及时对发现的问题进行弥补。

②集中审核。在调查资料收集回来之后，进行集中审核或称系统审核，即所有调查员将问卷回收回来后，在集中的时间统一进行问卷的审核，并对发现问题的问卷进行处理。

（2）资料的复查。资料的复查是指在调查员收回调查资料后，又由其他人对所调查的样本中的一部分个案进行第二次调查，以检查和核实第一次调查的质量。其目的在于：

①核实第一次调查的真实性。

②检查第一次调查的质量。

3. 问卷编码

编码是一个与问卷制作息息相关的问题，是指将文字层面的问题或答案转换成数字或字母等可以标示的符号的过程。

（1）确定代码：

①答案代码的确定。问卷中的每个问题都要用一个或多个代码来对应。代码可以在问卷设计时事先规定好，也可以事后规定。问卷中题型不同，代码的赋予形式也略有不同。

②问卷代码的确定。除了对问卷中的每个问答题规定一个或多个代码，对问卷本身也要进行编码，如地区编号、街道编号、单位编号、调查员编号等。

③问题栏码的确定。问题栏码即指定该问题的编码值共几位，以及它们在整个数据文件中所处的位置（相当于日常生活中指定教室的几排几号）。

④未填写及特殊值处理。习惯上，用0作为未填写问题答案的代码，用9作为特殊值的代码。注意：具体某个问题要用多少个0或9来表示，要视问题的宽度而定。

（2）编码手册。编码手册中，研究者要将需要编码的项目和问题一一列出，逐一规定它们的代码、宽度、栏码、项目名称、答案赋值方式及其他特殊规定等。

4.1.1.5 任务分组

学生分组表

班级		组号		授课教师	
组长		学号			
组员	姓名		学号	姓名	学号

4.1.1.6 自主探学

任务工单1

组号：_____ 姓名：_____ 学号：_____ 检索号：__4116-1__

引导问题：

(1) 整理资料的原则是什么？

(2) 资料的审核包括哪两种方式？优缺点是什么？

(3) 问卷编码的原则和方法是什么？

任务工单2

组号：_____ 姓名：_____ 学号：_____ 检索号：__4116-2__

引导问题：

(1) 为什么在数据录入前对全部有效问卷进行统一编码？

(2) 对问卷中的答案进行编码的步骤是什么？

(3) 制作问卷编码手册的流程是什么？

4.1.1.7 合作研学

任务工单 1

组号：_____ 姓名：_____ 学号：_____ 检索号： 4117-1

引导问题：

（1）小组讨论，教师参与，确定任务工单 4116-1、4116-2 的最优答案，并反思自己存在的不足。

4.1.1.8 展示赏学

任务工单 1

组号：_____ 姓名：_____ 学号：_____ 检索号： 4118-1

引导问题：

（1）每组推荐 1 个组长（或代表）进行汇报，根据汇报情况再次反思自己的不足。

4.1.1.9 任务实施

任务工单 1

组号：_____ 姓名：_____ 学号：_____ 检索号： 4119-1

引导问题：

（1）请依据任务描述中的调查课题，完成问卷编码手册的制作，并依据编码手册对问卷进行编码。先扫二维码，观看问卷编码手册的制作。

（2）操作结果评价。

情景在线：整理资料和资料审核

操作结果评价表

班级		组名		日期	
序号	评价指标	分数	评级标准		得分
1	对任务描述中"某地区养老服务业状况调查"制作编码手册	70分	编码原则的制定（10分）		
			变量名的定义（20分）		
			问题宽度的设定（10分）		
			栏码的设定（10分）		
			未填写及特殊值处理（20分）		
2	对任务描述中"某地区养老服务业状况调查"进行问卷编码	30分	填空题编码（10分）		
			单选题编码（10分）		
			不定项选择题编码（10分）		
合计		100分	自评分		

4.1.1.10 评价反馈

任务工单1

组号：_____ 姓名：_____ 学号：_____ 检索号：__4119-1__

自我评价表

班级		组名		日期	
评价指标	评价内容			分数	得分
分析问卷能力	对问卷进行分析和多选项答案分解			5分	
感知课堂生活	能在学习中获得满足感，认同课堂生活			5分	
参与态度沟通能力	积极主动与教师、同学交流，相互尊重、理解、平等；与教师、同学之间能够保持多向、丰富、适宜的信息交流			10分	
	能处理好合作学习和独立思考的关系，做到有效学习；能提出有意义的问题或能发表个人见解			10分	
知识能力掌握情况	能陈述整理原始资料的意义和原则			5分	
	能陈述审核原始资料的两种方法			5分	
	能陈述复查调查资料的方法			10分	
	能陈述问卷编码的方法			10分	
	能陈述问卷答案编码的方法			10分	
	能陈述制作问卷编码手册的方法			10分	
辩证思维	能发现问题、提出问题、分析问题、解决问题、创新问题			10分	
自我反思	按时保质完成任务，较好地掌握了知识点，依据编制问卷编码手册进行问卷编码			10分	

续表

自评分数等级	优：90~100 分；良：80~89 分；中：70~79 分；及格：60~69 分
自我反思	

任务工单 2

组号：_____ 姓名：_____ 学号：_____ 检索号：__4119-2__

组内互评验收表

验收组长		组名		日期	
组内验收成员					
任务要求	能陈述整理原始资料的意义和原则；能陈述审核原始资料的两种方法；能陈述复查调查资料的方法；能陈述问卷编码的方法；能陈述问卷答案编码的方法；能陈述制作问卷编码手册的方法；文献检索数满足要求				
验收文档清单	被验收者的 4116-1、4116-2、4119-1 任务工单				
验收评分	评价标准			分数	得分
	能陈述整理原始资料的意义和原则			10 分	
	能陈述审核原始资料的两种方法			10 分	
	能陈述复查调查资料的方法			10 分	
	能陈述问卷编码的方法			10 分	
	能陈述问卷答案编码的方法			20 分	
	能陈述制作问卷编码手册的方法			30 分	
	提供文献检索清单，不少于 10 项，缺一项扣 1 分			10 分	
评价分数					
小组反思					

任务工单 3

组号：_____ 姓名：_____ 学号：_____ 检索号：__4119-3__

组间互评表

班级		被评组名		日期	
评价指标	评价内容			分数	得分
汇报表述	表述准确			10 分	
	语言流畅			10 分	
	准确反映该组完成情况			10 分	

续表

评价指标	评价内容	分数	得分
内容正确度	内容正确	40 分	
	句型表达到位	30 分	
互评分数			
简要评述			

任务工单 4

组号：_____ 姓名：_____ 学号：_____ 检索号：4119-4

任务完成情况评价表

任务名称			总得分		
评价依据	学生完成的所有任务工单				
序号	任务内容及要求		分数	评分标准	教师评价
					结论 / 得分
1	整理原始资料的意义和原则	描述正确	5 分	酌情赋分	
		语言流畅	5 分	酌情赋分	
2	审核原始资料的两种方法	描述正确	5 分	酌情赋分	
		语言流畅	5 分	酌情赋分	
3	复查调查资料的方法	描述正确	5 分	酌情赋分	
		语言流畅	5 分	酌情赋分	
4	问卷编码的方法	描述正确	5 分	酌情赋分	
		语言流畅	5 分	酌情赋分	
5	问卷答案编码的方法	描述正确	10 分	酌情赋分	
		语言流畅	10 分	酌情赋分	
6	制作问卷编码手册的方法	描述正确	10 分	酌情赋分	
		语言流畅	10 分	酌情赋分	
7	提供文献检索清单	描述正确	5 分	酌情赋分	
		语言流畅	5 分	酌情赋分	
8	素质素养评价	沟通交流 / 团队合作 / 课堂纪律 / 合作探学 / 自主研学 / 科学严谨 / 精益求精 / 实事求是	10 分	酌情赋分，但违反课堂纪律，不听从组长、教师安排，不得分	

模块四 社会调查研究

任务二 数据录入与数据清理

4.1.2.1 任务描述

《某地区养老服务业状况调查问卷》已经完成资料整理、审核、复查，制作了问卷编码手册，完成了问卷编码，现在需要熟悉使用SPSS，将986份问卷数据资料录入SPSS，并进行数据清理。

4.1.2.2 学习目标

1. 素质目标

（1）培养实事求是、科学严谨、认真细致的工作态度；
（2）培养精益求精、精雕细琢的工匠精神；
（3）培养友爱、互助、合作的团队合作精神。

2. 知识目标

（1）掌握SPSS数据编辑窗口数据录入注意事项；
（2）掌握SPSS的启动与退出方法；
（3）掌握SPSS数据录入方法；
（4）掌握问卷星使用流程和方法。

3. 能力目标

（1）能够运用SPSS数据编辑窗口正确录入数据和清理数据；
（2）能够运用SPSS结果输出窗口输出文件；
（3）能够使用问卷星设计、发布、分析问卷。

4.1.2.3 任务分析

1. 重点

（1）掌握SPSS数据编辑窗口数据录入注意事项；
（2）掌握SPSS数据录入和数据清理方法。

2. 难点

（1）能够运用SPSS数据编辑窗口正确录入数据；
（2）掌握SPSS数据录入和数据清理方法。

微课视频：数据录入与数据清理（1）　　微课视频：数据录入与数据清理（2）

4.1.2.4 知识链接

知识链接：数据录入与数据清理

1. 数据录入

（1）社会科学统计软件SPSS简介。SPSS是英文Statistical Package for Social Science的简称，即"社会科学统计软件包"。它是一个组合式软件包，集数据整理、分析功能于一身。用户可以根据实际需要和计算机的功能选择模块，以降低对系统硬盘容量的要求。SPSS 的基本功能包括数据管理、统计分析、图表分析、输出管理等，它使用 Windows 的窗口方式展示各种管理和分析数据的功能，使用对话框展示各种功能选择项，操作人员只要掌握一定的 Windows 操作技能，略通统计分析原理，就可以使用该软件为特定的科研工作服务。

（2）运用 SPSS 进行数据录入的注意事项：

①挑选和培训输入人员。

②注意将编码手册与 SPSS 的库文件变量名称保持一致。运用 SPSS 定义变量名称时，需要注意以下几条规则：

一是 SPSS 变量名长度最多可用 64 个字符。

二是变量名首字符不能是数字，其后可以是字母、数字，或除"？""-""！"和"*"以外的字符，但"."不能作为变量名的最后一个字符。目前，SPSS 也支持以中文直接定义变量名。在一个 SPSS 的库文件中，不允许有两个相同的变量名。变量名中不能有空格。

三是变量名不能与 SPSS 的保留字相同。SPSS 的保留字有 ALL、AND、BY、EQ、GE、GT、LE、LT、NE、NOT、OR、TO、WITH。

四是系统不区分变量名中的大小写字符。例如，变量 ABC 和变量 abc 会被系统认为是同一个变量。

③统一规定数据输入格式和数据文件名。

④每个输入人员独立完成各自所输入的那一部分问卷，不同输入人员的问卷之间，以及同一个输入人员已输和未输的问卷之间，千万不要混淆搞乱，以免造成漏输或重复输入，影响数据质量。

⑤每个输入人员完成各自所负责的问卷输入任务后，由研究者把他们的数据合起来形成一个总的数据文件，以供统计分析时调用。

（3）SPSS 的工作界面：

①数据编辑窗口。启动 SPSS19.0 后，系统会自动打开数据编辑窗口。可以选择菜单栏的命令，新建一个 SPSS 数据文件，也可以打开一个保存的数据文件。

②结果输出窗口。选择菜单栏里"文件"中的"新建"或"打开"中的"输出"命令，就会新建或打开一个输出文件，用于显示统计分析结果、统计报告、统计图表等内容，允许用户对输出结果进行常规的编辑整理，窗口内容可以直接保存，保存文件的扩展名为".spv"。

③语句窗口。语句窗口即语法编辑器，用于编制 SPSS 程序。选择菜单栏里"文件"中的"新建"或"打开"中的"语法"命令，就会新建或打开一个语句文件。

④脚本编辑窗口。选择菜单栏里"文件"中的"新建"或"打开"中的"脚本"命令，就会新建或打开一个脚本编辑文件。

⑤SPSS 的启动与退出方法。

启动 SPSS 主要有三种方法：一是使用"程序"菜单打开 SPSS，依次单击"开始"→"所有程序"→"IBM SPSS Statistics"→"IBM SPSS Statistics 19"；二是双击桌面上的 SPSS 快捷方式图标；三是双击 SPSS 文件（假定用户已创建过 SPSS 文件），或者将鼠标置于 SPSS 文件上，单击鼠标右键，弹出快捷菜单，再用左键单击"打开"命令。

退出 SPSS 可以使用以下四种方法：一是直接单击 SPSS 窗口右上角的"关闭"按钮；二是单击 SPSS 窗口标题栏上的图标，在弹出的快捷菜单中选择"关闭"命令；三是在桌面任务栏上，用鼠标右键单击 SPSS 文件最小化图标，在弹出的快捷菜单中选择"关闭"命令。四是使用快捷键 ALT+F4。

（4）数据录入。SPSS 软件录入数据有两种方法：一是直接从 SPSS 数据编辑窗口中录入数据。首先需要在变量视图窗口中对变量的名称、类型、宽度、小数位数、变量标签、变量值标签、缺失值、显示列宽、对齐方式以及测量尺度等项目进行定义，然后在数据视窗中录入数据。二是在 SPSS 程序中录入数据。SPSS 数据录入程序主要由 title、data list、variable label、missing value、begin data、end data 等基本命令语句组成。

（5）问卷星简介。问卷星是一个专业的在线问卷调查、考试、测评、投票平台，为用户提供功能强大、人性化的在线设计问卷、采集数据、自定义报表、调查结果分析等系列服务。问卷星使用流程分为以下几个步骤：

①在线设计问卷。

②发布问卷并设置属性。

③发送问卷。

④查看调查结果。

⑤创建自定义报表。

⑥下载调查数据。

2. 数据清理

数据清理工作主要是在 SPSS 软件帮助下，对录入的数据再次进行审核，以降低数据的差错率，提高数据的质量。数据清理通常可以采用以下方法：

（1）有效范围清理。问卷中变量的有效编码都有一定范围，当录入的数据超出了这一范围时，就可以肯定这个数据一定是错误的

（2）逻辑一致性清理。即依据问卷中问题之间存在的某种内在的逻辑关系，检查前后数据之间的合理性的方法。

（3）数据质量抽查。有时，尽管对数据进行了有效范围和逻辑一致性清理，但仍可能有一些错误的数据无法查出来。查出这类输入错误的唯一办法就是拿着原始问卷逐一进行校对，但由于这种办法的工作量太大，实际调查中很少有人这样做。通常采用的方法是通过随机抽样，从全部问卷中抽取部分个案进行校对，并根据校对结果估计和评价全部数据的质量。

4.1.2.5 任务分组

学生分组表

班级		组号		授课教师	
组长		学号			
组员	姓名	学号		姓名	学号

4.1.2.6 自主探学

任务工单 1

组号：_____ 姓名：_____ 学号：_____ 检索号： 4126-1

引导问题：

（1）SPSS 工作界面主要包括哪几个窗口？

_____

（2）运用 SPSS 进行数据录入的注意事项是什么？

_____
_____

（3）SPSS 的启动与退出方法是什么？

_____
_____
_____

任务工单 2

组号：_____ 姓名：_____ 学号：_____ 检索号： 4126-2

引导问题：

（1）运用 SPSS 进行数据录入的方法是什么？

_____

（2）SPSS 的数据清理步骤是什么？

_____
_____

（3）问卷星使用流程是什么？

4.1.2.7 合作研学

任务工单1

组号：_____ 姓名：_____ 学号：_____ 检索号：__4127-1__

引导问题：

小组讨论，教师参与，确定任务工单4126-1、4126-2的最优答案，并反思自己存在的不足。

4.1.2.8 展示赏学

任务工单1

组号：_____ 姓名：_____ 学号：_____ 检索号：__4128-1__

引导问题：

每组推荐1个组长（或代表）进行汇报，根据汇报情况再次反思自己的不足。

4.1.2.9 任务实施

任务工单1

组号：_____ 姓名：_____ 学号：_____ 检索号：__4129-1__

引导问题：

（1）在SPSS中创建一个名为"某市养老服务业状况调查"的数据文件，并在此数据文件中直接录入已经编好码的问卷信息。先扫二维码，观看问卷信息录入方法。

（2）操作结果评价。

情景在线：数据录入与数据清理1

情景在线：数据录入与数据清理2

操作结果评价表

班级			组名		日期	
序号	评价指标	分数	评级标准			得分
1	启动 SPSS，新建数据文件并保存	25 分	至少掌握 2 种最便捷的启动方法（25 分）			
2	结合任务描述中的案例进行数据录入	45 分	定义变量名（5 分）			
			确定变量类型（5 分）			
			设置变量宽度和小数位（10 分）			
			定义变量标签和值标签以及缺失值（10 分）			
			定义显示列宽（5 分）			
			设置对齐方式（5 分）			
			定义变量测量尺度（5 分）			
3	结合任务描述中的案例进行数据清理	30 分	有效范围清理（15 分）			
			逻辑一致性清理（15 分）			
合计		100 分	自评分			

4.1.2.10 评价反馈

任务工单 1

组号：_____ 姓名：_____ 学号：_____ 检索号：__41210-1__

自我评价表

班级		组名		日期	
评价指标		评价内容		分数	得分
计算机操作能力		新建数据文件并保存		5 分	
感知课堂生活		能在学习中获得满足感，认同课堂生活		5 分	
参与态度沟通能力		积极主动与教师、同学交流，相互尊重、理解、平等；与教师、同学之间能够保持多向、丰富、适宜的信息交流		10 分	
		能处理好合作学习和独立思考的关系，做到有效学习；能提出有意义的问题或能发表个人见解		10 分	
知识能力掌握情况		能陈述 SPSS 工作界面的主要窗口		5 分	
		能陈述运用 SPSS 数据录入的注意事项		5 分	
		能陈述 SPSS 的启动与退出方法		10 分	
		能陈述运用 SPSS 进行数据录入方法		10 分	
		能陈述 SPSS 的数据清理步骤		10 分	
		能陈述问卷星使用流程		10 分	

续表

评价指标	评价内容	分数	得分
辩证思维	能发现问题、提出问题、分析问题、解决问题、创新问题	10分	
自我反思	按时保质完成任务，较好地掌握了操作步骤和程序语句	10分	
自评分数等级	优：90~100分；良：80~89分；中：70~79分；及格：60~69分		
自我反思			

任务工单2

组号：_____ 姓名：_____ 学号：_____ 检索号：__41210-2__

组内互评验收表

验收组长		组名		日期	
组内验收成员					
任务要求	能陈述SPSS工作界面的主要窗口；能陈述运用SPSS数据录入的注意事项；能陈述SPSS的启动与退出方法；能陈述运用SPSS进行数据录入方法；能陈述SPSS的数据清理步骤；能陈述问卷星使用流程；文献检索数满足要求				
验收文档清单	被验收者的4126-1、4126-2、4129-1任务工单				
验收评分	评价标准			分数	得分
	能陈述SPSS工作界面的主要窗口			10分	
	能陈述运用SPSS数据录入的注意事项			10分	
	能陈述SPSS的启动与退出方法			10分	
	能陈述运用SPSS进行数据录入方法			30分	
	能陈述SPSS的数据清理步骤			20分	
	能陈述问卷星使用流程			10分	
	提供文献检索清单，不少于10项，缺1项扣1分			10分	
评价分数					
小组反思					

任务工单3

组号：_____ 姓名：_____ 学号：_____ 检索号：__41210-3__

组间互评表

班级		被评组名		日期	
评价指标	评价内容			分数	得分
汇报表述	表述准确			15分	
	语言流畅			15分	
	准确反映该组完成情况			10分	

续表

评价指标	评价内容	分数	得分
内容正确度	内容正确	30 分	
	句型表达到位	30 分	
互评分数			
简要评述			

任务工单 4

组号：_____ 姓名：_____ 学号：_____ 检索号：__21210-4__

任务完成情况评价表

任务名称			总得分		
评价依据	学生完成的所有任务工单				
序号	任务内容及要求		分数	评分标准	教师评价
					结论 / 得分
1	SPSS 工作界面的主要窗口	描述正确	5 分	酌情赋分	
		语言流畅	5 分	酌情赋分	
2	运用 SPSS 数据录入的注意事项	描述正确	5 分	酌情赋分	
		语言流畅	5 分	酌情赋分	
3	SPSS 的启动与退出方法	描述正确	5 分	酌情赋分	
		语言流畅	5 分	酌情赋分	
4	运用 SPSS 进行数据录入方法	描述正确	5 分	酌情赋分	
		语言流畅	5 分	酌情赋分	
5	SPSS 的数据清理步骤	描述正确	10 分	酌情赋分	
		语言流畅	10 分	酌情赋分	
6	问卷星使用流程	描述正确	10 分	酌情赋分	
		语言流畅	10 分	酌情赋分	
7	提供文献检索清单	描述正确	5 分	酌情赋分	
		语言流畅	5 分	酌情赋分	
8	素质素养评价	沟通交流	10 分	酌情赋分，但违反课堂纪律，不听从组长、教师安排，不得分	
		团队合作			
		课堂纪律			
		合作探学			
		自主研学			
		认真细致			
		精益求精			
		实事求是			

项目二　盈千累万、星罗云布

按照定量资料分析的程序，在对原始数据整理、录入后，就要对单变量进行描述统计。本书介绍三种统计方法，即：用统计表、统计图和统计特征值将变量的状态、水平和分布特征表现出来的方法；对单变量推论统计，从总体中抽取部分样本，通过参数估计和假设检验，对总体做出科学的判断的方法；对两个变量相关关系的描述和分析方法。

任务一　单变量统计分析

4.2.1.1　任务描述

利用《某地区养老服务业状况调查》SPSS 数据文件（收集 986 个个案的信息），学习如何通过 SPSS 生成频数分布和频率分布表以及求集中量数和离散量数；进行单变量的推论统计（参数估计和假设检验）。在这里主要是利用 SPSS 完成集中量数统计表和统计图制作、离散量数计算分析、参数的区间估计和假设检验。

4.2.1.2　学习目标

1. 素质目标

（1）培养社会统计思维方式，以定量分析和定性分析相结合的方法分析社会现象、社会活动、社会结构、社会工作；

（2）培养认真细致、扎实苦干、敬业奉献、正直向上、敢于创新的社会统计人精神；

（3）培养坚持实事求是、科学严谨的调查态度和查实情、说实话、报实数的调查工作作风。

2. 知识目标

（1）掌握频数分布与频率分布方法；

（2）掌握集中趋势分析和离散趋势分析方法；

（3）掌握参数区间估计方法；

（4）掌握假设检验方法。

3. 能力目标

（1）能够利用 SPSS 生成频数分布和频率分布表，并进行统计表和统计图分析；

（2）能够利用 SPSS 计算众数、中位数、算数平均数、异众比率、四分位差、标准差、方差和离散系数等；

（3）能够利用 SPSS 求变量的置信区间和检验总体变量的均值。

4.2.1.3 任务分析

1. 重点

（1）集中趋势分析和离散趋势分析方法；
（2）利用 SPSS 制作统计表和统计图；
（3）参数区间估计方法以及假设检验方法。

2. 难点

微课视频：单变量
统计分析

（1）集中趋势分析和离散趋势分析方法；
（2）参数区间估计方法以及假设检验方法。

4.2.1.4 知识链接

知识链接：单变量
统计分析

1. 变量的分布

调查问卷中的项目或变量形成"分布"，即调查对象对某项目所做出的选择（或值）是分布在某些值的范围之内的。数据分析的第一件事是描述每个变量的分布，简单地说，就是清点所有调查对象选择某一个变量的数量，掌握它们的相对规模。常用于描述变量分布情况的测量主要包括频数分布、频率分布等。

（1）变量分类。变量是研究问题的特征或性质，又称指标。在社会学研究中，变量往往通过向调查对象问问题来进行测量。具体划分为以下 4 种变量：

①定类变量。这是最低的变量层次。其取值只有类别属性之分，而无大小程度之别。

②定序变量。其取值除了有类别属性，还有等级次序的差别，其层次高于定类变量。

③定距变量。其层次高于定序变量，取值除了具有次序等级的属性，取值之间的距离还可以度量。

④定比变量。其取值除了具有上述 3 种测量尺度的特征，还具有实在意义的真正零点。

（2）频数分布与频率分布的含义：

①含义。频数分布是指变量取值与取值上拥有的个体数的集合。频率分布是指变量取值与取值上拥有的个体总数的比率的集合。将频率分布的频率乘以 100%，即是百分比。通常用统计表或统计图的形式来呈现变量的频数分布与频率分布。

②运用 SPSS 生成频数分布表和频率分布表。

（3）统计表。统计表是指将数据按照一定的顺序排列在由横行、纵列交叉结合而成的表格上，是表现数据分布的最常用方法。统计表有比较固定的规范格式，从其结构上看，通常由表号、总标题、横行标题、纵栏标题、数字、注释与资料来源等要素构成。

①表号。表号是表的序号，位于表顶端左上角，其作用是便于指示和查找。

②总标题。标题是统计表的名称，位于表号之后，说明表中资料的内容，包括这些资料收集的空间和时间范围等。

③横行标题。又称统计表的主项，是指统计表所要说明的对象，用于说明统计主题或变量类别（一般指因变量类别）。通常写在表的左边。

④纵栏标题。又称统计表的宾项,是指统计指标或调查指标的名称,用于说明调查统计指标或变量类别(一般指自变量类别)。通常写在表的最上面一格。

⑤数字。数字是对资料进行统计整理的结果,是统计表的主体,一般有绝对数、相对数等。每个数都必须与横行标题、纵栏标题一一对应。

⑥注释与资料来源。位于表的下端,是对表中资料的一种说明。如果统计表有需要说明的事项,则需要使用注释;如果统计表系转摘其他资料编制而成或直接引用其他资料,则应当说明其资料来源。

(4) 运用 SPSS 制作统计表。在数据视图窗口下,依次单击"分析""描述统计""频率",此时会出现"频率"对话框,将要进行频数统计的变量,比如"您的性别"从左边的变量列表中选入右边的"变量"框中。

单击"显示频率表格"前面的小方框,选中该选项。如果在生成统计表的同时需要生成统计图,则可以单击"图表"打开"频率:图表"对话框,其中有条形图、饼图和直方图 3 种图形可供选择,系统默认状态是无图表。这里直接采用系统默认状态。单击"继续"按钮,返回"频率"对话框,单击"确定"按钮,即可得到"您的性别"变量的频数频率分布表,该结果显示在输出窗口。

(5) 统计图。又称分布图,也是调查者用来简化和反映调查资料的一种常见方法和形式。画图是传达数据信息最有效的方式,好的统计图常常可以把数据中的信息清楚地显示出来。它是整理数据的一种方法。

①统计图的结构与绘制规则。统计图是由标题、图号、标目、图形和图注等项构成的。下面按照其构成说明绘图的基本规则。

a. 标题。图的名称应该简明扼要,与图的内容相符,必要时可注明时间、地点。图的标题的字体在图中为最大,自左向右写在图的下方。

b. 图号。文中如果有几幅图,则需要按其出现的先后顺序编上序号,写在标题的左前方。

c. 标目。对于有纵横轴的统计图,应在纵横轴上分别标明统计指标名称及其尺度或单位。横轴是基线,一般表示被观察的现象,尺度要等距,自左向右,由小到大,标目写在横轴的下方。纵轴是尺度线,尺度从 0 开始,自下而上,从小到大,标目写在纵轴的左侧。两个轴都要注明单位。

d. 图形。图形线在图中要最粗,而且要清晰。在一幅图中如果有几个图形线相比较,可以用不同颜色或不同图形线加以区别,各种图形线的含义可用图例在适当位置加以说明。

e. 图注。图中如果有需要加以解释的地方,可以用图注加以说明。图注的文字要简明扼要,字体要小,写在标题的下方。

②统计图的种类。常用的统计图主要有条形图、圆饼图、直方图。不同层次的变量,统计图的制作也不相同。一般情况下,定类变量用圆饼图或条形图,定序变量用条形图,定距变量用直方图或曲线图。

条形图也称矩形图,是最常用的图形,它是以宽度相等、长度不等的长条表示不同的统计数字，如频数或百分比的多少。它既可以是水平的，也可以是垂直的（垂直的又叫柱形图），可以用来显示事物的大小、内部结构或动态变动等情况。

圆饼图又称饼状图、圆形图等，可以显示一个整体怎样分成几个部分。要画圆饼图，先要画个圆，圆代表总体100%，圆里面的扇形就代表各个部分，各扇形的圆心角和各部分的大小成比例，用圆心角360°乘以各个部分的百分比就得到了这个部分的扇形度数。

直方图是根据定距变量的取值范围（矩形）来显示观测数据的常用图形。由于数据是连续的，各个矩形要相连排列。直方图用面积表示频数分布，即矩形的面积代表观测的数目。当所有区间有相同的宽度时，矩形的高度代表了观测数，矩形的高度也称为频数密度，表明某个特定区间中的数据密集度。

2. 集中趋势分析

集中趋势分析是找出一个数值来代表该变量数据集结情况的方法。该方法的优劣在于，由于是根据一个代表值来估计或预测每个研究对象的数值，因此运用该方法要舍去变量的某些信息，但由于该数据是最有代表性的数值，以该数值做代表所产生的误差最小。

（1）众数。众数就是具有频数最多的变量值，表示变量的集中值。可适用于任何层次的变量，只要知道频数分布，就能找到众数。

（2）中位数。中位数是数据序列中央位置之值。中位数把观察总数一分为二，其中一半是比它小的变量值，另一半是比它大的变量值。它是变量的一个取值，用 M_d 表示。中位数主要用于测度顺序数据的集中趋势，也适用于数值型数据的集中趋势，但不适用于分类数据。

①根据原始资料求中位数。

②根据频数分布求中位数。

（3）平均数。平均数也称均值，是一组数据相加后除以数据的个数得到的结果。平均数是集中趋势的最主要测度值，是最典型的、最常用的，也是最有意义的统计量。它主要适用于数值型数据，而不适用于分类数据和顺序数据。

①根据原始资料求平均数。

②利用频数分布求平均数。

3. 离散趋势分析

离散趋势分析，就是求出一个值来反映样本之间的差异情况，该值也是反映样本集中趋势测量指标代表性程度好坏的重要指标。离散趋势测量依据变量的测量层次不同，有不同的测量方法，主要的测量方法有异众比率、全距、四分位差、方差和标准差。

（1）异众比率。异众比率是指非众数频数在总频数中所占的比例。

（2）全距。一组数据中最大值与最小值之差，也称极差，用 R 表示。

（3）四分位差。它是将各个变量值按照大小顺序排列，然后将排列好的数列分为四等份，第三个四分位上的值 Q_3 与第一个四分位上的值 Q_1 的差就是四分位差。

（4）方差和标准差。方差指一组数据中的各个数值与这组数据的平均值之差的平方和除以该组数据个数所得的值的平方根。标准差指一组数据中的各个数值与这组数据的平均值之差的平方和除以该组数据个数所得的值。

（5）运用 SPSS 计算集中量数和离散量数。

4. 参数估计

参数估计就是用样本统计量对总体的未知参数进行估计。通过样本资料对总体特征进行推断，总体特征可以包括总体的均值、总体的方差及总体的相关系数等。

（1）参数的点估计。参数的点估计就是用一个最适当的样本统计值代表总体的参数值。

（2）参数的区间估计。当描述某一活动时，往往给出的参与活动人群是一个区间，比如 300~400 人；当描述一个人的体重时，是在 70 千克到 75 千克之间。这些范围就是典型的区间估计。在抽样调查中，常常用点估计加上区间估计的方法进行估计。

①总体均值的区间估计。总体均值的置信区间可用下面的公式来计算：

$$\overline{X} \pm Z_{1-\alpha} SE \text{ 或者 } \overline{X} \pm Z_{1-\alpha} \frac{S}{\sqrt{n}}$$

②总体百分比的区间估计。总体百分比的置信区间可用下面的公式来计算：

$$P \pm Z_{1-\alpha} SE \text{ 或者 } P \pm Z_{1-\alpha} \sqrt{\frac{P(1-P)}{n}}$$

③运用 SPSS 进行区间估计。

5. 假设检验

假设检验是一种推断方法，特点是反证法，即为了推断一个关于总体特征的假设的真实性，通过从总体中随机抽出的样本计算适当的统计量来检验某一假设真伪，如果得到的统计量的实现值在假设为真时是罕见的，则拒绝这个假设。

（1）假设检验的概念和要素：

①假设。假设检验一般要有两个相互对立的假设，即研究假设，用 H_1 表示，是指根据抽样调查资料而对总体特征所作的假设；虚无假设，也称原假设或零假设，用 H_0 表示，是对总体特征所作出的与研究假设相对立的假设。

②小概率事件。在大量观察中频频出现的事件具有较大的概率，出现次数较少的事件具有较小的概率。一般把出现小概率的随机事件称为小概率事件。

③显著性水平。一种是把概率等于或小于 0.05 的事件作为小概率事件；另一种是把概率等于或小于 0.01 的事件作为小概率事件。

④检验统计量。有了两个假设，就要根据样本数据对它们进行判断。数据的代表是作为其函数的统计量，被称为检验统计量。

⑤单尾检验与双尾检验。单尾检验是指在检验虚无假设 H_0 时，否定域在抽样分布的一端；双尾检验则是指否定域分布在抽样分布的两端。

（2）总体平均数的显著性检验。在假设检验中，由于样本容量和样本资料限制，样本统计量有不同的概率分布，形成 Z 检验和 t 检验两种方法。总体平均数的假设检验，在大样本（$n \geq 30$）情况下，用 Z 检验法；在小样本（$n<30$）情况下，用 t 检验法。

（3）总体百分比假设检验。统计量计算公式如下：

$$Z = \frac{P - P_0}{\sqrt{\frac{P_0(1-P_0)}{n}}}$$

（4）运用 SPSS 进行假设检验。

4.2.1.5　任务分组

学生分组表

班级		组号		授课教师	
组长		学号			
组员	姓名	学号		姓名	学号

4.2.1.6　自主探学

任务工单 1

组号：_____　姓名：_____　学号：_____　检索号：　4216-1

引导问题：

（1）集中趋势分析中的众数、中位数、平均数计算差异是什么？

_____

_____

（2）离散趋势分析中的各个统计量的计算方法是什么？

_____

_____

（3）参数的区间估计以及假设检验方法是什么？

_____

_____

_____

任务工单 2

组号：_____　姓名：_____　学号：_____　检索号：　4216-2

引导问题：

（1）利用 SPSS 生成任务描述的案例中变量"性别""文化程度""您日常交往的主要对象是""您通常在哪里购物"的频数分布表、频率分布表、众数、中位数和平均数以及统计表和统计图。（截图）

（2）利用SPSS计算变量"年龄"的标准差和方差。（截图）

（3）利用SPSS计算变量"年龄"的置信区间检验总体变量"年龄"的均值。（截图）

4.2.1.7　合作研学

任务工单1

组号：_____　姓名：_____　学号：_____　检索号：　4217-1　
引导问题：
小组讨论，教师参与，确定任务工单4216-1、4216-2的最优答案，并反思自己存在的不足。

4.2.1.8　展示赏学

任务工单1

组号：_____　姓名：_____　学号：_____　检索号：　4218-1　
引导问题：
每组推荐1个组长（或代表）进行汇报，根据汇报情况再次反思自己的不足。

4.2.1.9 任务实施

任务工单1

组号：_____ 姓名：_____ 学号：_____ 检索号：__4219-1__

引导问题：

（1）请根据任务描述中的案例，完成相关变量的频数分布、频率分布、集中趋势和离散趋势统计量计算，完成相关变量的参数估计和假设检验的统计量计算。先扫二维码，观看 SPSS 生成频数分布和频率分布、计算集中趋势和离散趋势相关统计量演示，观看 SPSS 计算参数估计和假设检验的相关统计量演示。

情景在线：单变量统计分析

（2）操作结果评价。

操作结果评价表

班级		组名		日期	
序号	评价指标	分数	评级标准		得分
1	制作频数分布表和频率分布表、统计图	40 分	会做，90%以上，30 分 基本会做，60%~89%，20 分 会做一点，30%~59%，10 分 基本不会做，30%以下，0 分		
2	利用 SPSS 计算集中趋势、离散趋势分析统计量	40 分			
3	利用 SPSS 计算均值与百分比的区间估计，进行总体平均值假设检验	20 分			
合计		100 分	自评分		

4.2.1.10 评价反馈

任务工单1

组号：_____ 姓名：_____ 学号：_____ 检索号：__42110-1__

自我评价表

班级		组名		日期	
评价指标	评价内容			分数	得分
信息收集能力	能有效利用网络、图书资源查找有用的相关信息，能将查到的信息有效地传递到学习中			10 分	
感知课堂生活	能在学习中获得满足感，认同课堂生活			10 分	
参与态度沟通能力	积极主动与教师、同学交流，相互尊重、理解、平等；与教师、同学之间能够保持多向、丰富、适宜的信息交流			5 分	
	能处理好合作学习和独立思考的关系，做到有效学习；能提出有意义的问题或能发表个人见解			5 分	

续表

评价指标	评价内容	分数	得分
知识能力掌握情况	能陈述集中趋势分析中的众数、中位数、平均数计算差异	5分	
	能陈述离散趋势分析中各个统计量的计算方法	5分	
	能陈述参数的区间估计以及假设检验方法	5分	
	能陈述利用SPSS生成任务描述的案例中变量"性别""文化程度""您日常交往的主要对象是""您通常在哪里购物"的频数分布表、频率分布表、众数、中位数和平均数以及统计表和统计图的方法	15分	
	能陈述利用SPSS计算变量"年龄"的标准差和方差化方法	10分	
	能陈述利用SPSS计算变量"年龄"的置信区间检验总体变量"年龄"均值的方法	10分	
辩证思维	能发现问题、提出问题、分析问题、解决问题、创新问题	10分	
自我反思	按时保质完成任务，较好地掌握了知识点，具有较为全面严谨的思维能力，并能条理清楚地表达成文	10分	
自评分数等级	优：90~100分；良：80~89分；中：70~79分；及格：60~69分		
自我反思			

任务工单2

组号：_____ 姓名：_____ 学号：_____ 检索号：__42110-2__

组内互评验收表

验收组长		组名		日期	
组内验收成员					
任务要求	能陈述集中趋势分析中众数、中位数、平均数的计算差异；能陈述离散趋势分析中各个统计量的计算方法；能陈述参数的区间估计以及假设检验方法；能陈述利用SPSS生成任务描述的案例中变量"性别""文化程度""您日常交往的主要对象是""您通常在哪里购物"的频数分布表、频率分布表、众数、中位数和平均数以及统计表和统计图的方法；能陈述利用SPSS计算变量"年龄"的标准差和方差的方法；能陈述利用SPSS计算变量"年龄"的置信区间检验总体变量"年龄"均值的方法；文献检索数满足要求				
验收文档清单	被验收者的4216-1、4216-2、4219-1任务工单				
	文献检索清单				

续表

验收组长		组名		日期	
验收评分	评价标准			分数	得分
	能陈述集中趋势分析中众数、中位数、平均数的计算差异			10 分	
	能陈述离散趋势分析中各个统计量的计算方法			10 分	
	能陈述参数的区间估计以及假设检验方法。			10 分	
	能陈述利用 SPSS 生成任务描述的案例中变量"性别""文化程度""您日常交往的主要对象是""您通常在哪里购物"的频数分布表、频率分布表、众数、中位数和平均数以及统计表和统计图的方法			20 分	
	能利用 SPSS 计算变量"年龄"的标准差和方差的方法			20 分	
	能陈述利用 SPSS 计算变量"年龄"的置信区间检验总体变量"年龄"均值的方法			20 分	
	提供文献检索清单，不少于 10 项，缺 1 项扣 1 分。			10 分	
评价分数					
小组反思					

任务工单 3

组号：_____ 姓名：_____ 学号：_____ 检索号：__42110-3__

组间互评表

班级		被评组名		日期	
评价指标	评价内容			分数	得分
汇报表述	表述准确			15 分	
	语言流畅			10 分	
	准确反映该组完成情况			15 分	
内容正确度	内容正确			30 分	
	句型表达到位			30 分	
互评分数					
简要评述					

模块四　社会调查研究

任务工单 4

组号：_____　姓名：_____　学号：_____　检索号：42110-4

任务完成情况评价表

任务名称			总得分		
评价依据	学生完成的所有任务工单				
序号	任务内容及要求		分数	评分标准	教师评价
					结论　得分
1	集中趋势分析中众数、中位数、平均数的计算差异	描述正确	5 分	酌情赋分	
		语言流畅	5 分	酌情赋分	
2	离散趋势分析中各个统计量的计算方法	描述正确	5 分	酌情赋分	
		语言流畅	5 分	酌情赋分	
3	参数的区间估计以及假设检验方法	描述正确	5 分	酌情赋分	
		语言流畅	5 分	酌情赋分	
4	利用 SPSS 生成任务描述的案例中变量的频数分布表、频率分布表、众数、中位数和平均数以及统计表和统计图的方法	描述正确	5 分	酌情赋分	
		语言流畅	5 分	酌情赋分	
5	利用 SPSS 计算变量"年龄"的标准差和方差的方法	描述正确	10 分	酌情赋分	
		语言流畅	10 分	酌情赋分	
6	利用 SPSS 计算变量"年龄"的置信区间检验总体变量"年龄"均值的方法	描述正确	10 分	酌情赋分	
		语言流畅	10 分	酌情赋分	
7	提供文献检索清单	描述正确	5 分	酌情赋分	
		语言流畅	5 分	酌情赋分	
8	素质素养评价	沟通交流	10 分	酌情赋分，但违反课堂纪律，不听从组长、教师安排，不得分	
		团队合作			
		课堂纪律			
		合作探学			
		自主研学			
		认真细致			
		精益求精			
		实事求是			

任务二 双变量统计分析

4.2.2.1 任务描述

利用《某市养老服务业状况调查》SPSS 数据文件（截取了 986 个个案的信息），学习如何通过 SPSS 求样本资料中两个定类变量或两个定序变量之间的相关系数，并对相关关系进行检验。

4.2.2.2 学习目标

1. 素质目标

（1）培养社会统计思维方式，以定量分析和定性分析相结合的方法分析社会现象、社会活动、社会结构、社会工作；

（2）培养认真细致、扎实苦干、敬业奉献、正直向上、敢于创新的社会统计人精神；

（3）培养坚持实事求是、科学严谨的调查态度和查实情、说实话、报实数的调查工作作风。

2. 知识目标

（1）掌握列联表的构造和分布；

（2）掌握两个变量的相关程度和消减误差比例；

（3）掌握两个定类变量、两个定序变量的相关测量法；

（4）掌握两个变量的相关性检验。

3. 能力目标

（1）能制作列联表，对观察值和期望值的分布进行分析；

（2）能利用 SPSS 进行两个定类变量、两个定序变量之间相关关系的测量；

（3）能利用 SPSS 进行之间两个变量的相关性检验；

4.2.2.3 任务分析

1. 重点

（1）掌握列联表的构造和分布；

（2）掌握两个定类变量、两个定序变量的相关测量法；

（3）掌握两个变量的相关性检验。

微课视频：双变量统计分析

2. 难点

（1）掌握两个定类变量、两个定序变量的相关测量法；

（2）掌握两个变量的相关性检验。

4.2.2.4 知识链接

1. 列联表分析

知识链接：双变量统计分析

（1）列联表的构造。要得到两个变量在不同取值情况下的数据分布，分析变量间的相互关系，就需要对变量进行交叉分组，所形成的表格称为列联表。交叉分组是指变量 A 的 m 个选项与变量 B 的 n 个选项都要碰到，两者交叉搭配形成了 A 和 B 两个选项的 $m×n$ 个组合。交叉分组可以观察两个变量在各种交叉情况下的数据分布状态。在每个交叉格内,从上而下依次为频数、行百分比、列百分比和总百分比。以各行合计值为基础的频数汇总称为行频数,其百分比称为行百分比;以各列合计值为基础的汇总频数称为列频数,其百分比称为列百分比;以总计为基础的频数称为总频数,总百分比率称为总百分比。

(2) 列联表的分布:

①观察值的分布。

②期望值的分布。

(3) 列联表的作用。简单的列联表,可以通过数据的比较来判断相关程度的强弱,然而对于列联表中的两个变量的选项较多的情形,需要计算出一个数值进行比较。自变量对因变量的影响常常用相关系数来表示,当一个定类变量影响一个定类、定序或定距变量时,相关系数的计算范围是不一样的,相关系数的取值范围也是不一样的。总体看,当系数为 0 时,两个变量之间没有关系,当系数为 1 时,两个变量间的关系达到最强。

2. 相关测量法

(1) 相关。所谓相关是指一个变量的值与另一个变量的值有连带性。从两个变量的变动方向看,存在正相关、负相关和无相关。当两个变量的变动方向具有一致性时为正相关;当两个变量的变动方向相反时为负相关;当两个变量的变动方向没有一定的规律性,计算的相关系数值为零时为无相关。

(2) 相关程度。相关程度可以用相关统计量来表示,相关统计量的取值范围在 $-1\sim1$,正负号表示相关关系的方向,数值表示相关关系的强弱,其绝对值越大,表示相关性越强。相关统计量等于 -1 或 1,表明两变量完全相关,即两变量之间存在确定的函数关系;相关统计量等于 0,表明两变量之间是零相关。

(3) 消减误差比例。消减误差比例(PRE)是指用一个现象(如变量 X)来解释另一个现象(如变量 Y)时,能够消减百分之几的错误,可用下列公式表示:

$$PRE = \frac{E_1 - E_2}{E_1}$$

3. 两个定类变量的统计相关

(1) Lambda 相关测量法。Lambda(简记为 λ)相关测量法,又称格特曼可预测度系数,是指计算以一个定类变量的值去预测另一个定类变量的值时,如果以众数作为预测的准则,可以减少多少误差。λ 的统计值介于 $0\sim1$。

①当两变量是对称关系(即不分自变量与因变量)时,λ 的计算公式为:

$$\lambda = \frac{\sum m_{ox} + \sum m_{oy} - (M_{ox} + M_{oy})}{2n - (M_{ox} + M_{oy})}$$

②当两变量是不对称关系(即区分自变量与因变量)时,λ 的计算公式为:

$$\lambda_y = \frac{\sum m_{oy} - M_{oy}}{n - M_{oy}}$$

(2) tau-y 相关测量法。tau-y(简记为 τ)适用于不对称相关测量,要求在两个定类变量(或一个定类变量和一个定序变量)中能够区分自变量与因变量。其统计值介于 $0\sim1$。计算公式如下:

$$\tau = \frac{E_1 - E_2}{E_1}$$

式中，$E_1 = \sum \dfrac{F_{yi}(n-F_{yi})}{n}$，$E_2 = \sum \dfrac{f_{ij}(F_{xj}-f_{ij})}{F_{xj}}$。

4. 两个定序变量的统计相关

（1）Gamma 相关测量法。Gamma（简记为 G 或 γ）相关测量法是指根据任何两个个案在某一变量上的等级去预测它们在另一变量上的等级时，可以消减多少误差。其统计值介于 −1~1。计算公式为：

$$G = \dfrac{N_s - N_d}{N_s + N_d}$$

（2）萨默斯的 d_y 系数相关测量法。萨默斯（Somers）的 d_y 系数适用于测量两个具有不对称关系的定序变量之间的相关程度。其统计值介于 −1~1。d_y 系数的计算公式为：

$$d_y = \dfrac{N_s - N_d}{N_s + N_d + T_y}$$

（3）肯德尔测量法。与 G 系数不同的是，tau-b 在计算时既考虑了只在自变量 X 上同分（即两个个案在自变量 X 上取值一样，属于同一等级）的对（T_x），也考虑了只在因变量 Y 上同分（即两个个案在因变量 Y 上取值一样，属于同一等级）的对（T_y）；而 G 系数在计算时则不考虑同分对。tau-b 系数的取值介于 −1~1，计算公式为：

$$\text{tau-b} = \dfrac{N_s - N_d}{\sqrt{N_s + N_d + T_x} \cdot \sqrt{N_s + N_d + T_y}}$$

①当两个变量的等级排列方向一致时，只在自变量 X 上同分的对（T_x）的计算公式如下：

$$T_x = \sum T_i$$

②当两个变量的等级排列方向一致时，只在因变量 Y 上同分的对（T_y）的计算公式如下：

$$T_y = \sum T_i$$

③计算在两个变量上都同分的对（T_{xy}），需要先计算每个条件单元格内的个案所组成的对数，再将所有对数相加。

$$\text{各条件单元格内个案对数} = \dfrac{f_{ij}(f_{ij}-1)}{2}$$

$$T_{xy} = \text{各条件单元格内个案对数之和}$$

5. 两个变量的相关性检验

包括两个定类变量相关系数的卡方检验和两个定序变量相关性的 Gamma 检验。

（1）χ^2 检验。χ^2 检验是以理论分布次数为基准，考察实际观测次数与理论分布次数（期望次数）之间的偏离程度，并据此对虚无假设 H_0 的正确与否作出判断。观测次数是根据所抽取样本计算出来的实际次数；期望次数是在两个变量没有关系，即虚无假设成立的条件下，频数分布表中所应有的次数。当检验统计量 $\chi^2 \geqslant$ 临界值 χ^2_α 时，拒绝虚无假设 H_0，接受研究假设 H_1；当 $\chi^2 <$ 临界值 χ^2_α 时，接受虚无假设 H_0。χ^2 值及其自由度的计算公式分别为：

$$\chi^2 = \sum \frac{(f_o - f_e)^2}{f_e}$$

$$df = (r-1)(c-1)f_o$$

式中，f_o 表示实际观测次数。

(2) G 相关系数的检验。以 G 系数先求出样本 X 和 Y 的相关，然后以 Z 检验法或 t 检验法来推断在总体中的 G 系数是否等于 0。G 系数的计算公式为：

$$Z = G\sqrt{\frac{N_s + N_d}{n(1-G^2)}}$$

当样本为小样本时，则应当采用 t 检验法。t 分布与自由度有关，随自由度的增大，t 分布会越接近于 Z 分布。因而，t 检验法也适用于大样本的情况。t 值及其自由度的计算公式为

$$t = G\sqrt{\frac{N_s + N_d}{n(1-G^2)}}$$

$$df = N_s + N_d - 2$$

6. 运用 SPSS 对两个变量的相关关系进行测量和检验

(1) 两个定类变量之间相关关系的测量与检验。

(2) 两个定序变量之间相关关系的测量与检验。

4.2.2.5 任务分组

学生分组表

班级		组号		授课教师	
组长		学号			
组员	姓名	学号		姓名	学号

4.2.2.6 自主探学

任务工单 1

组号：_____ 姓名：_____ 学号：_____ 检索号：__4226-1__

引导问题：

(1) 任务描述的案例中两个变量的相关关系和相关程度含义是什么？

_____

_____

_____

(2) 常用相关统计量计算方法有多少种？分别是什么？
_____
_____
_____

(3) 相关关系检验的基本步骤是什么以及有多少种方法？
_____
_____
_____
_____
_____

任务工单 2

组号：_____ 姓名：_____ 学号：_____ 检索号：__4226-2__

引导问题：

(1) 制作任务描述的案例中两个变量的列联表和分布。（截图）

(2) 利用 SPSS 进行两个定类之间相关关系的测量与检验。（截图）

(3) 利用 SPSS 进行两个定序变量之间相关关系的测量与检验。（截图）

(4) 利用 SPSS 进行两个定距变量之间相关关系的检验。(截图)

4.2.2.7 合作研学

任务工单 1

组号：_____ 姓名：_____ 学号：_____ 检索号：__4227-1__

引导问题：

小组讨论，教师参与，确定任务工单 4226-1、4226-2 的最优答案，并反思自己存在的不足。

4.2.2.8 展示赏学

任务工单 1

组号：_____ 姓名：_____ 学号：_____ 检索号：__4228-1__

引导问题：

每组推荐 1 个组长（或代表）进行汇报，根据汇报情况再次反思自己的不足。

4.2.2.9 任务实施

任务工单 1

组号：_____ 姓名：_____ 学号：_____ 检索号：__4229-1__

引导问题：

(1) 请根据任务描述中的案例，完成两个变量的相关统计量计算和相关关系检验。先扫二维码，观看 SPSS 两个相关变量的统计量计算和相关关系检验演示。

(2) 操作结果评价。

情景在线：双变量统计分析

操作结果评价表

班级		组名		日期	
序号	评价指标	分数	评级标准		得分
1	运用SPSS进行任务描述的案例中两个定类变量的相关分析	30分	会做，90%以上，30分 基本会做，60%-89%，20分 会做一点，30%-59%，10分 基本不会做，30%以下，0分		
2	运用SPSS计算任务描述的案例中两个定序变量的相关分析	30分			
3	运用SPSS进行两个定类变量、两个定序变量相关性检验	40分			
合计		100分	自评分		

4.2.2.10 评价反馈

任务工单1

组号：_____ 姓名：_____ 学号：_____ 检索号：__42210-1__

自我评价表

班级		组名		日期	
评价指标	评价内容			分数	得分
信息收集能力	能有效利用网络、图书资源查找有用的相关信息，能将查到的信息有效地传递到学习中			10分	
感知课堂生活	能在学习中获得满足感，认同课堂生活			10分	
参与态度 沟通能力	积极主动与教师、同学交流，相互尊重、理解、平等；与教师、同学之间能够保持多向、丰富、适宜的信息交流			5分	
	能处理好合作学习和独立思考的关系，做到有效学习；能提出有意义的问题或能发表个人见解			5分	
知识能力 掌握情况	能陈述任务描述的案例中两个变量的相关关系和相关程度含义			5分	
	能陈述常用相关统计量的计算方法和计算内容			5分	
	能陈述相关关系检验的基本步骤和方法			10分	
	能陈述制作两变量列联表和分布的方法			10分	
	能利用SPSS进行两个定类变量之间相关关系的测量与检验			10分	
	能利用SPSS进行两个定序变量之间相关关系的测量与检验			10分	
辩证思维	能发现问题、提出问题、分析问题、解决问题、创新问题			10分	

续表

评价指标	评价内容	分数	得分
自我反思	按时保质完成任务，较好地掌握了知识点，具有较为全面严谨的思维能力，并能条理清楚地表达成文	10 分	
自评分数等级	优：90~100 分；良：80~89 分；中：70~79 分；及格：60~69 分		
自我反思			

任务工单 2

组号：_____ 姓名：_____ 学号：_____ 检索号：__42210-2__

组内互评验收表

验收组长		组名		日期	
组内验收成员					
任务要求	能陈述任务描述的案例中两个变量的相关关系和相关程度含义；能陈述常用相关统计量的计算方法和计算内容；能陈述相关关系检验的基本步骤和方法；能陈述制作两变量列联表和分布的方法；能利用 SPSS 进行两个定类变量之间相关关系的测量与检验；能利用 SPSS 进行两个定序变量之间相关关系的测量与检验；文献检索数满足要求				
验收文档清单	被验收者的 4226-1、4226-2、4229-1 任务工单				
	文献检索清单				
	评价标准		分数		得分
验收评分	能陈述任务描述的案例中两个变量的相关关系和相关程度含义		15 分		
	能陈述常用相关统计量的计算方法和计算内容		15 分		
	能陈述相关关系检验的基本步骤和方法		15 分		
	能陈述制作两变量列联表和分布的方法		15 分		
	能利用 SPSS 进行两个定类变量之间相关关系的测量与检验		15 分		
	能利用 SPSS 进行两个定序变量之间相关关系的测量与检验		15 分		
	提供文献检索清单，不少于 10 项，缺 1 项扣 1 分		10 分		
评价分数					
小组反思					

任务工单 3

组号：_____ 姓名：_____ 学号：_____ 检索号：__42210-3__

组间互评表

班级		被评组名		日期	
评价指标	评价内容			分数	得分
汇报表述	表述准确			15 分	
	语言流畅			10 分	
	准确反映该组完成情况			15 分	
内容正确度	内容正确			30 分	
	句型表达到位			30 分	
互评分数					
简要评述					

任务工单 4

组号：_____ 姓名：_____ 学号：_____ 检索号：__42210-4__

任务完成情况评价表

任务名称				总得分		
评价依据	学生完成的所有任务工单					
序号	任务内容及要求		分数	评分标准	教师评价	
					结论	得分
1	两个变量相关关系和相关程度含义	描述正确	5 分	酌情赋分		
		语言流畅	5 分	酌情赋分		
2	相关统计量的计算方法和内容	描述正确	5 分	酌情赋分		
		语言流畅	5 分	酌情赋分		
3	相关关系检验的基本步骤和方法	描述正确	5 分	酌情赋分		
		语言流畅	5 分	酌情赋分		
4	制作两变量列联表和分布的方法	描述正确	5 分	酌情赋分		
		语言流畅	5 分	酌情赋分		
5	利用 SPSS 进行两个定类变量相关关系测量检验	描述正确	10 分	酌情赋分		
		语言流畅	10 分	酌情赋分		
6	利用 SPSS 进行两个定序变量之间相关关系测量与检验	描述正确	10 分	酌情赋分		
		语言流畅	10 分	酌情赋分		
7	提供文献检索清单	描述正确	5 分	酌情赋分		
		语言流畅	5 分	酌情赋分		

续表

序号	任务内容及要求		分数	评分标准	教师评价	
					结论	得分
8	素质素养评价	沟通交流	10分	酌情赋分,但违反课堂纪律,不听从组长、教师安排,不得分		
		团队合作				
		课堂纪律				
		合作探学				
		自主研学				
		科学严谨				
		精益求精				
		实事求是				

项目三　逻辑严谨、有理有据

社会调查最后的任务就是要把调查研究的结果以书面形式传达给别人，进行交流，这就是撰写调查报告。撰写调查报告是社会调查的最后一步，也是相当重要的一步。调查报告是整个社会调查研究过程的全面总结，是调查成果的提升过程，也是最终成果的展示过程。一份调查报告的好坏直接关系到社会调查成果质量的高低和社会作用的大小。因此，撰写调查报告是社会调查总结阶段的重要工作。

任务一　认识调查报告

4.3.1.1　任务描述

某区团委从人口学基本资料、生活状况、心理状况等方面设计调查问卷，通过对调查收集到的基本数据利用统计学方法加以分析，找出某区居民的生活心理特点，同时提出合理建议，促进居民生活心理健康，撰写了《某区居民生活心理状况调查报告》。"'高职百万扩招'人才培养模式改革研究课题调查"通过对高职扩招院校建工类专业教师和学生开展问卷调查，了解高职扩招院校在学生入学前后遇到的问题及改进建议，分析得出现阶段高职院校扩招后普遍具有学校开设课程与提升学生技能存在差距、教学方式与学生的认识存在差异、校企联合培养仍然存在校热企冷现象、学分银行制度和"X"证书认证进展缓慢等问题。通过实施分类培养，注重因材施教；开展技能教学，深化校企合作，改革课程标准、重构课程体系，建立学分银行、加快"X"证书认证数量与进度、完善课证融通机制，可提高高职院校的社会招生、人才培养质量。

请以《某区居民生活心理状况调查报告》和《"高职百万扩招"人才培养模式改革研究课题调查报告》为例，找出两类报告在写作目的上的差异和结构上、特点上的共同点，着重理解调查报告的撰写要求。

4.3.1.2　学习目标

1. 素质目标

（1）培养恪守社会工作价值观及基层社会服务事业伦理的职业素养；
（2）培养一丝不苟、细致入微的调查报告撰写素养；
（3）培养实事求是、科学严谨的调查态度和工匠精神。

2. 知识目标

（1）掌握调查报告的特点、类型；
（2）掌握调查报告的撰写步骤和注意事项。

3. 能力目标

（1）能够对调查报告的撰写有初步的认识；
（2）能够采用团队合作、头脑风暴等方式认识调查报告；
（3）能够熟练使用查阅文献等方法。

4.3.1.3 任务分析

1. 重点

（1）调查报告的类型；
（2）撰写调查报告的一般步骤。

2. 难点

（1）调查报告的特点；
（2）调查报告中的陈述人称。

微课视频：认识调查报告

知识链接：认识调查报告

4.3.1.4 知识链接

调查报告是在收集大量现实和历史资料与数据的基础上，以文字、图表等形式表现社会调查成果，实事求是地反映某个问题、某个事件或某方面情况的文字材料。调查报告可以在报刊上发表，也可以供相关机关和读者作为认识社会现象、处理社会问题、制定相关政策的依据或参考。

1. 调查报告的作用

调查报告是对社会调查研究过程和成果的全面总结和书面报告，它既具有较高的学术价值，同时也对社会实践具有指导意义。调查报告的主要作用体现在以下几个方面：

（1）实现社会调查价值。
（2）推广社会实践经验。
（3）提供科学决策依据。

2. 调查报告的特点

调查报告具有以下4个基本特点：

（1）真实性。调查报告是在占有大量现实和历史资料的基础上，以叙述性的语言实事求是地反映某一客观事物。充分了解实情和全面掌握真实可靠的素材是撰写优秀调查报告的基础。

（2）时效性。在进行社会调查时，调查者要收集最新的数据、第一手调查到的最新的情况，对社会经济的发展做出科学的总结或者预判，提出对经济社会发展有效的经验或者指出存在的问题和困难，使决策部门在今后的工作中能够有所借鉴。

（3）针对性。调查报告一般有比较明确的指向性，相关的调查都是针对和围绕某个社会问题展开的。所以，调查报告反映的问题集中而有深度。

（4）逻辑性。调查报告离不开确凿的事实，但又不是材料的机械堆砌，而应该是对核实无误的数据和事实进行严密的逻辑论证，探明事物发展变化的原因，预测事物发展变化的趋势，提示本质性和规律性的东西，得出科学的结论。

3. 调查报告的类型

了解不同类型的社会调查报告是撰写调查报告的重要环节，只有结合实际情况选择合适类型的社会调查报告，才能在撰写调查报告工作中达到事半功倍的效果。调查报告按照不同的标准分成不同的类型。

（1）根据调查报告的主题范围不同，可以将调查报告分为综合性调查报告与专题性调查报告。

（2）根据调查报告的目的、读者对象的不同，可以将调查报告分为应用性调查报告与学术性调查报告。

（3）根据调查报告的主要功能，可以将调查报告分为描述性调查报告和解释性调查报告。

4. 撰写调查报告的一般步骤

在确定调查报告的类型以后，就可以开始调查报告的撰写工作了。虽然不同类型的调查报告在具体内容与格式以及写作风格方面存在着差异，但其撰写的基本步骤还是一样的，包括以下6个步骤：

（1）确定调查报告读者对象。在撰写调查报告时首先要明确调查报告的对象，这是写好调查报告的第一步。由于读者对象不同，调查报告的写作也有很大的不同。

（2）确立主题。调查报告的主题就是作者基本思想和观点的体现，是整个调查报告的灵魂，它说明调查者从事的是什么样的调查。

（3）分析材料确定观点。在撰写调查报告之前需要对所用的材料进行分析和选择，这种选择一要符合写作提纲的范围和要求，二要坚持精练、典型、全面的原则。

（4）拟订写作提纲。主题确立后，需要进一步构思好调查报告的整体框架，并拟订具体的写作提纲，厘清写作思路，明确调查报告的内容和整体结构，以便为写好调查报告打好基础。

（5）撰写调查报告初稿。撰写调查报告通常要紧紧围绕所确立的主题来展开，在整体思想、体系结构、内容形式、行文风格等方面保持前后一致。

（6）修改调查报告。调查报告初稿完成后，需要对调查报告每个部分进行反复阅读、审查和推敲，认真修改每一个细节，使调查报告不断丰富和完善。

（7）撰写调查报告的注意事项。调查报告作为社会调查成果的集中体现，在撰写时有明确、严格的要求，以体现调查报告的真实性、针对性等特点。

①明确调查目的。在撰写调查报告前，作者需要明确调查的目的和研究问题，这有助于确定报告的结构和内容。

②选择合适的样本。在调查中，需要选择合适的样本，以确保结果具有代表性和可靠性。

③使用清晰的语言。在撰写调查报告时，需要使用简洁、清晰的语言，以确保读者可以轻松理解调查报告的结论。

④提供充分的数据支持。在调查报告中，需要提供充分的数据支持结论，这有助于读者理解调查结果并评估其可靠性。

⑤使用适当的图表和图像。在呈现数据时，可以使用适当的图表和图像来帮助读者更好地理解和分析数据。

⑥避免偏见。在调查和撰写调查报告时，需要避免任何可能导致偏见的因素，避免使用主观色彩浓重的表述。

⑦注意细节。在完成调查报告后，需要仔细审查和编辑报告的格式和内容，以确保报告的准确性和清晰度。

4.3.1.5 任务分组

学生分组表

班级		组号		授课教师	
组长		学号			
组员	姓名		学号	姓名	学号

4.3.1.6 自主探学

任务工单 1

组号：_____ **姓名：**_____ **学号：**_____ **检索号：** 4316-1

引导问题：

(1) 调查报告的作用和特点是什么？

_____

(2) 调查报告的类型是什么？

_____

(3) 撰写调查报告的步骤是什么？

_____

任务工单 2

组号：_____ **姓名：**_____ **学号：**_____ **检索号：** 4316-2

引导问题：

(1) 结合任务描述中的案例，分析不同类型调查报告的优缺点是什么。

_____

(2) 结合任务描述中的案例，分析不同类型调查报告撰写步骤中的差异是什么。

_____

_____

（3）对应用性调查报告和学术性调查报告进行对比阅读与分析，找出写作目的差异和结构共同之处是什么。

4.3.1.7 合作研学

任务工单1

组号：_____ 姓名：_____ 学号：_____ 检索号：__4317-1__

引导问题：

小组讨论，教师参与，确定任务工单4316-1、4316-2的最优答案，并反思自己存在的不足。

4.3.1.8 展示赏学

任务工单1

组号：_____ 姓名：_____ 学号：_____ 检索号：__4318-1__

引导问题：

每组推荐1个组长（或代表）进行汇报，根据汇报情况再次反思自己的不足。

4.3.1.9 任务实施

任务工单1

组号：_____ 姓名：_____ 学号：_____ 检索号：__4319-1__

引导问题：

（1）请根据任务描述中的案例，解读调查报告，并明确调查报告特点和注意事项。先扫二维码，了解调查报告的相关知识。

（2）操作结果评价。

情景在线：认识调查报告

模块四　社会调查研究

操作结果评价表

班级			组名		日期	
序号	评价指标	分数	评级标准			得分
1	结合任务描述中的案例,能够使用文献查阅工具查阅相关调查报告	40 分	调查报告能够满足真实性（10 分） 调查报告能够满足时效性（10 分） 调查报告能够满足针对性（10 分） 调查报告能够满足逻辑性（10 分）			
2	结合任务描述中的案例,能够选择合适的调查报告类型	30 分	调查报告选择类型正确（20 分） 调查报告来源权威（10 分）			
3	结合任务描述中的案例,对选定的调查报告进行正确的分析	30 分	正确分析调查报告的特点（15 分） 分析调查报告撰写的注意事项（15 分）			
	合计	100 分	自评分			

4.3.1.10　评价反馈

任务工单 1

组号：_____　姓名：_____　学号：_____　检索号：__43110-1__

自我评价表

班级		组名		日期	
评价指标	评价内容		分数		得分
信息收集能力	能有效利用网络、图书资源查找有用的相关信息,能将查到的信息有效地传递到学习中		5 分		
感知课堂生活	能在学习中获得满足感,认同课堂生活		5 分		
参与态度沟通能力	积极主动与教师、同学交流,相互尊重、理解、平等;与教师、同学之间能够保持多向、丰富、适宜的信息交流		5 分		
	能处理好合作学习和独立思考的关系,做到有效学习;能提出有意义的问题或能发表个人见解		5 分		
知识能力掌握情况	能陈述调查报告的作用和特点		10 分		
	能陈述调查报告的类型		10 分		
	能陈述撰写调查报告的步骤		10 分		
	能结合任务描述中的案例分析不同类型调查报告的优缺点		10 分		
	能结合任务描述中的案例分析不同类型调查报告撰写步骤的差异		10 分		
	能找出应用性调查报告和学术性调查报告写作目的差异和结构共同之处		10 分		

续表

评价指标	评价内容	分数	得分
辩证思维	能发现问题、提出问题、分析问题、解决问题、创新问题	10分	
自我反思	按时保质完成任务，较好地掌握了知识点，具有较为全面严谨的思维能力，并能条理清楚地表达成文	10分	
自评分数等级	优：90~100分；良：80~89分；中：70~79分；及格：60~69分		
自我反思			

任务工单2

组号：_____ 姓名：_____ 学号：_____ 检索号：__43110-2__

组内互评验收表

验收组长		组名		日期	
组内验收成员					
任务要求	能陈述调查报告的作用和特点；能陈述调查报告的类型；能陈述撰写调查报告的步骤；能结合任务描述中的案例分析不同类型调查报告的优缺点；能结合任务描述中的案例分析不同类型调查报告撰写步骤的差异；找出应用性调查报告和学术性调查报告写作目的差异和结构共同之处；文献检索满足要求				
验收文档清单	被验收者的4316-1、4316-2、4319-1任务工单 文献检索清单				
验收评分	评价标准		分数	得分	
	能陈述调查报告的作用和特点		10分		
	能陈述调查报告的类型		10分		
	能陈述撰写调查报告的步骤		10分		
	能结合任务描述中的案例分析不同类型调查报告的优缺点		20分		
	能结合任务描述中的案例分析不同类型调查报告撰写步骤的差异		20分		
	能找出应用性调查报告和学术性调查报告写作目的差异和结构共同之处		20分		
	提供文献检索清单，不少于10项，缺1项扣1分		10分		
评价分数					
小组反思					

任务工单 3

组号：_____ 姓名：_____ 学号：_____ 检索号：<u>43110-3</u>

组间互评表

班级		被评组名		日期	
评价指标	评价内容			分数	得分
汇报表述	表述准确			15 分	
	语言流畅			10 分	
	准确反映该组完成情况			15 分	
内容正确度	内容正确			30 分	
	句型表达到位			30 分	
互评分数					
简要评述					

任务工单 4

组号：_____ 姓名：_____ 学号：_____ 检索号：<u>43110-4</u>

任务完成情况评价表

任务名称				总得分		
评价依据	学生完成的所有任务工单					
序号	任务内容及要求		分数	评分标准	教师评价	
					结论	得分
1	调查报告的作用和特点	描述正确	5 分	酌情赋分		
		语言流畅	5 分	酌情赋分		
2	调查报告的类型	描述正确	5 分	酌情赋分		
		语言流畅	5 分	酌情赋分		
3	撰写调查报告的步骤	描述正确	5 分	酌情赋分		
		语言流畅	5 分	酌情赋分		
4	结合任务描述中的案例分析不同类型调查报告的优缺点	描述正确	5 分	酌情赋分		
		语言流畅	5 分	酌情赋分		
5	结合任务描述中的案例分析不同类型调查报告撰写步骤的差异	描述正确	10 分	酌情赋分		
		语言流畅	10 分	酌情赋分		
6	找出应用性调查报告和学术性调查报告写作目的差异和结构共同之处	描述正确	10 分	酌情赋分		
		语言流畅	10 分	酌情赋分		

续表

序号	任务内容及要求		分数	评分标准	教师评价	
					结论	得分
7	提供文献检索清单	描述正确	5分	酌情赋分		
		语言流畅	5分	酌情赋分		
8	素质素养评价	沟通交流	10分	酌情赋分，但违反课堂纪律，不听从组长、教师安排，不得分		
		团队合作				
		课堂纪律				
		合作探学				
		自主研学				
		科学严谨				
		精益求精				
		实事求是				

任务二　调查报告的结构

4.3.2.1　任务描述

回顾本课程学习内容，在整理《老年人对社区居家养老服务内容需求的调查——以某市为例》社会调查问卷，处理相关数据后，分组完成一份社区项目调查报告。掌握应用性调查报告的结构，理解标题、导言、主体和结尾四部分的写作要求。

4.3.2.2　学习目标

（1）培养恪守社会工作价值观及基层社会服务事业伦理的职业素养；
（2）培养一丝不苟、细致入微的写作素养；
（3）培养实事求是、科学严谨的调查态度和工匠精神。

2. 知识目标

（1）掌握调查报告的整体结构；
（2）掌握调查报告标题、导言、主体等各自类型的要求；
（3）掌握调查报告主体的写作要求。

3. 能力目标

（1）能够按照调查报告结构行撰写应用性调查报告；
（2）能够将调研成果有机融入调查报告的内容之中；
（3）能够熟练使用查阅文献、问卷分析等方法。

4.3.2.3　任务分析

1. 重点

（1）调查报告的整体结构；

微课视频：调查报告的结构

(2) 调查报告标题、导言、主体等各自类型的要求。

2. 难点

(1) 调查报告的整体结构；

(2) 调查报告标题、导言、主体等各自类型的要求。

4.3.2.4 知识链接

知识链接：调查报告的结构

调查报告是对社会调查研究过程和成果的全面总结和书面报告，它既对社会实践具有指导意义，同时也具有较高的学术价值。由于调查报告类型、调查研究目的不同以及撰写者的写作习惯等方面有差异，调查报告在结构和内容上也会有不同的表现方式，即所谓"文无定法"。各类型调查报告的结构和内容有一定的共性，具有一定的规律可遵循。本书以应用性调查报告为例，着重说明应用性调查报告的结构和内容。一般来说，应用性调查报告的结构主要包括标题、导言、主体和结尾等4个部分。

1. 标题

标题即调查报告的题目，对于一篇调查报告来说，它是吸引读者的首要因素。一个好的题目，既能准确地概括反映文章的主旨，又能吸引读者的目光，正所谓"题好一半文"。

调查报告的标题形式多样，通常有两种分类方法：

(1) 从形式上分为单行标题和双行标题。

(2) 从内容上分为陈述式标题、判断式标题和提问式标题。

2. 导言

导言是应用性调查报告的第一部分，主要任务是向读者介绍整个调查的相关背景，起到使读者了解全文的作用。导言可以用来介绍调查的目的、内容、对象、时间、地点、方法等，导言也可以用来概述调查的主要内容和主要收获；还可以用来介绍调查工作的背景以及调查所获得的结论。常见导言有直述式、悬念式和结论式等三种形式。

3. 主体

主体是调查报告的主要内容，占到整个篇幅的70%~80%，调查的全部观点和材料都要通过这一部分组织表现出来，是整个调查报告最重要的部分；这一部分写得好坏，直接决定调查报告质量的高低和作用的大小。撰写调查报告主体时要确定好主题，设计好结构，观点和材料要统一，语言上要能够正确表达。一般来说，调查报告的主体结构有三种形式：纵式结构、横式结构和综合式结构。

(1) 纵式结构。即按照时间的先后顺序来组织和安排正文，以突出某一现象或问题的发展过程，或者反映不同时期的变化与差别。

(2) 横式结构。即主要按照调查的内容来安排正文，以突出某一社会现象或社会问题的各个方面的内容。横式结构是把材料分成几个部分来写。

(3) 综合式结构。即上述两种方式相结合，以一种方式为主，这种形式常用于较大规模调查的调查报告，便于反映比较复杂的内容。以两种方式结合，既有利于按照历史轨迹说清楚问题的来龙去脉，又有利于按问题的性质、类别展开深入的论述。

4. 结尾

应用性调查报告的结尾位于正文的最后，结尾要对主体部分的内容进行概括、升华。结尾常见的写法有：概括全文，明确主旨，在结束的时候将全文归结到一个立足点上；指出问题，启发思考，如果存在的问题还没有引起人们的注意，或者限于各种因素的制约作者也不可能提出解决问题的办法，那么，指出问题，引起有关方面的注意，启发人们对相关问题的思考，同样很有意义；针对问题，提出建议，即针对报告中的问题提出可行性建议。

学术性调查报告的主要阅读对象是相关学科的专业研究人员，并在学术刊物上公开发表，其撰写往往有比较固定的格式。通常，学术性调查报告在结构上包括标题、摘要、导言、方法、结果、讨论、参考文献、附录等8个组成部分。撰写要求与应用性调查报告基本相同。

4.3.2.5 任务分组

学生分组表

班级		组号		授课教师	
组长		学号			
组员	姓名		学号	姓名	学号

4.3.2.6 自主探学

任务工单1

组号：_____ 姓名：_____ 学号：_____ 检索号：4326-1

引导问题：

(1) 调查报告的结构和各部分要求是什么？

_____

_____

(2) 调查报告的标题分类方法是什么？

_____

_____

(3) 调查报告导言和主体的分类方法各是什么？

_____

_____

_____

任务工单2

组号：_____ 姓名：_____ 学号：_____ 检索号：4326-2

引导问题：

(1) 结合任务描述中的案例说明应用性调查报告的结构特点。

模块四 社会调查研究

（2）结合任务描述中的案例说明应用性调查报告主体的结构特点。

（3）结合任务描述中的案例说明应用性调查报告导言和结尾的撰写要求。

4.3.2.7 合作研学

任务工单1

组号：＿＿＿＿　**姓名：**＿＿＿＿　**学号：**＿＿＿＿　**检索号：** 4327-1
引导问题：
小组讨论，教师参与，确定任务工单4326-1、4326-2的最优答案，并反思自己存在的不足。

4.3.2.8 展示赏学

任务工单1

组号：＿＿＿＿　**姓名：**＿＿＿＿　**学号：**＿＿＿＿　**检索号：** 4328-1
引导问题：
每组推荐1个组长（或代表）进行汇报，根据汇报情况再次反思自己的不足。

4.3.2.9 任务实施

任务工单1

组号：＿＿＿＿　**姓名：**＿＿＿＿　**学号：**＿＿＿＿　**检索号：** 4329-1
引导问题：
（1）请完成任务描述中调查报告的撰写任务。先扫二维码，了解撰写调查报告的注意事项。
（2）操作结果评价。

情景在线：撰写应用性调查报告

操作结果评价表

班级		组名		日期	
序号	评价指标	分数	评级标准		得分
1	结合任务描述中的案例撰写调查报告提纲和各部分提纲	25分	标题简短明了、一目了然,激发读者的阅读兴趣(5分)		
			导言的选取方式准确,方便读者了解全文(5分)		
			主体采取与任务描述相关的结构,突出解决实际问题,具有应用性调查报告特点(10分)		
			结尾能对主体内容概括和提升(5分)		
2	结合任务描述中的案例撰写调查报告初稿	50分	标题选择方式准确,具有时代性和新颖性,解决应急的社会现象和社会问题(10分)		
			导言文字规范、叙述准确,方便读者了解全文(10分)		
			主体结构清晰、逻辑缜密、结论明确、有理有据(20分)		
			结尾精练,高度总结、引发思考(10分)		
3	结合任务描述中的案例进行调查报告修改	25分	调查报告结构、格式完整正确(10分)		
			调查报告文字、图表正确率高(5分)		
			调查报告引用资料、参考文献格式准确(10分)		
	合计	100分	自评分		

4.3.2.10 评价反馈

任务工单1

组号:_____ 姓名:_____ 学号:_____ 检索号:__43210-1__

自我评价表

班级		组名		日期	
评价指标	评价内容			分数	得分
信息收集能力	能有效利用网络、图书资源查找有用的相关信息,能将查到的信息有效地传递到学习中			5分	
感知课堂生活	能在学习中获得满足感,认同课堂生活			5分	
参与态度沟通能力	积极主动与教师、同学交流,相互尊重、理解、平等;与教师、同学之间能够保持多向、丰富、适宜的信息交流			5分	
	能处理好合作学习和独立思考的关系,做到有效学习;能提出有意义的问题或能发表个人见解			5分	

续表

评价指标	评价内容	分数	得分
知识能力掌握情况	能陈述调查报告的结构和各部分要求	10分	
	能陈述调查报告的标题分类方法	10分	
	能陈述调查报告导言和主体的分类方法	10分	
	能结合任务描述中的案例说明应用性调查报告的结构特点	10分	
	能结合任务描述中的案例说明应用性调查报告主体的结构特点	10分	
	能结合任务描述中的案例说明应用性调查报告导言和结尾的撰写要求	10分	
辩证思维	能发现问题、提出问题、分析问题、解决问题、创新问题	10分	
自我反思	按时保质完成任务，较好地掌握了知识点，具有较为全面严谨的思维能力，并能条理清楚地表达成文	10分	
自评分数等级	优：90~100分；良：80~89分；中：70~79分；及格：60~69分		
自我反思			

任务工单2

组号：_____ 姓名：_____ 学号：_____ 检索号：43210-2

组内互评验收表

验收组长		组名		日期	
组内验收成员					
任务要求	能陈述调查报告的结构和各部分要求；能陈述调查报告的标题分类方法；能陈述调查报告导言和主体的分类方法；能结合任务描述中的案例说明应用性调查报告的结构特点；能结合任务描述中的案例说明应用性调查报告主体的结构特点；能结合任务描述中的案例说明应用性调查报告导言和结尾的撰写要求；文献检索数满足要求				
验收文档清单	被验收者的4326-1、4326-2、4329-1任务工单				
	调查报告文本				
验收评分	评价标准		分数		得分
	能陈述调查报告的结构和各部分要求。		10分		
	能陈述调查报告的标题分类方法。		10分		
	能陈述调查报告导言和主体的分类方法。		10分		
	能结合案例说明应用性调查报告的结构特点。		20分		
	能结合案例说明应用性调查报告主体的结构特点。		20分		
	能结合案例说明应用性调查报告导言和结尾的撰写要求。		20分		
	提供文献检索清单，不少于10项，缺1项扣1分		10分		

续表

评价分数	
小组反思	

任务工单 3

组号：_____ 姓名：_____ 学号：_____ 检索号：43210-3

组间互评表

班级		被评组名		日期	
评价指标	评价内容			分数	得分
汇报表述	表述准确			15 分	
	语言流畅			10 分	
	准确反映该组完成情况			15 分	
内容正确度	内容正确			30 分	
	句型表达到位			30 分	
互评分数					
简要评述					

任务工单 4

组号：_____ 姓名：_____ 学号：_____ 检索号：43210-4

任务完成情况评价表

任务名称			总得分		
评价依据	学生完成的所有任务工单				
序号	任务内容及要求		分数	评分标准	教师评价
					结论 / 得分
1	调查报告的结构和各部分要求	描述正确	5 分	酌情赋分	
		语言流畅	5 分	酌情赋分	
2	调查报告的标题分类方法	描述正确	5 分	酌情赋分	
		语言流畅	5 分	酌情赋分	
3	调查报告导言和主体的分类方法	描述正确	5 分	酌情赋分	
		语言流畅	5 分	酌情赋分	
4	结合任务描述中的案例说明应用性调查报告的结构特点	描述正确	5 分	酌情赋分	
		语言流畅	5 分	酌情赋分	
5	结合任务描述中的案例说明应用性调查报告主体的结构特点	描述正确	10 分	酌情赋分	
		语言流畅	10 分	酌情赋分	

续表

序号	任务内容及要求		分数	评分标准	教师评价	
					结论	得分
6	结合任务描述中的案例说明应用性调查报告导言和结尾的撰写要求	描述正确	10分	酌情赋分		
		语言流畅	10分	酌情赋分		
7	提供文献检索清单	描述正确	5分	酌情赋分		
		语言流畅	5分	酌情赋分		
8	素质素养评价	沟通交流	10分	酌情赋分，但违反课堂纪律，不听从组长、教师安排，不得分		
		团队合作				
		课堂纪律				
		合作探学				
		自主研学				
		科学严谨				
		精益求精				
		实事求是				

参考文献

[1] 风笑天. 社会学研究方法 [M]. 3版. 北京：中国人民大学出版社，2009.
[2] 赵淑兰. 社会调查方法 [M]. 2版. 北京：机械工业出版社，2019.
[3] 王思斌. 社会学教程 [M]. 2版. 北京：北京大学出版社，2005.
[4] 风笑天. 现代社会调查方法 [M]. 6版. 武汉：华中科技大学出版社，2020.
[5] 风笑天. 社会调查中的问卷设计 [M]. 3版. 北京：中国人民大学出版社，2014.
[6] 风笑天. 社会调查原理与方法 [M]. 4版. 北京：首都经济贸易大学出版社，2019.
[7] 杜智敏. 社会调查方法与实践 [M]. 2版. 北京：电子工业出版社，2022.
[8] 袁方. 社会研究方法教程 [M]. 北京：北京大学出版社，2013.
[9] 诺曼·布拉德伯恩 希摩·萨德曼 布莱恩·万辛克. 问卷设计手册 [M]. 赵锋，译. 重庆：重庆大学出版社，2011.
[10] 徐国兴. 问卷设计 [M]. 上海：华东师范大学出版社，2020.
[11] 翟振武. 社会调查问卷设计与应用 [M]. 北京：中国人民大学出版社，2019.
[12] 张彦，吴淑凤. 社会调查研究方法 [M]. 上海：上海财经大学出版社，2006.
[13] 谭祖明，周炎炎. 社会调查研究方法 [M]. 北京：清华大学出版社，2020.
[14] 杨维忠、张甜. SPSS统计分析入门与应用精解 [M]. 北京：清华大学出版社，2022.
[15] 吴明隆. 问卷统计分析实务——SPSS操作与应用 [M]. 重庆：重庆大学出版社，2018.
[16] 布莱洛克. 社会统计学 [M]. 沈崇麟，李春华，赵平，译. 重庆：重庆大学出版社，2010.
[17] 张小山. 社会统计学与SPSS应用 [M]. 武汉：华中科技大学出版社，2018.
[18] 孙凤. 社会统计学 [M]. 北京：中国人民大学出版社，2021.
[19] 郝大海. 社会调查研究方法 [M]. 4版. 北京：中国人民大学出版社，2019.
[20] 水延凯. 社会调查案例教程 [M]. 4版. 北京：中国人民大学出版社，2008.
[21] 民盟中央课题组. 城市群发展与治理调研报告 [M]. 北京：中国发展出版社，2021.
[22] 金勇进，杜子芳，蒋妍. 抽样技术 [M]. 5版. 北京：中国人民大学出版社，2021.
[23] 邬春芹. 社会调查方法 [M]. 5版. 南京：东南大学出版社，2012.
[24] 李丽红. 社会调查方法 [M]. 大连：大连理工大学出版社，2012.
[25] 赵勤. 社会调查方法 [M]. 3版. 北京：电子工业出版社，2019.
[26] 邓恩远，于莉. 社会调查方法与实务 [M]. 北京：北京大学出版社，2009.
[27] 江立华，水延凯. 社会调查教程 [M]. 7版. 北京：中国人民大学出版社，2018.
[28] 阳镇，陈劲，商慧辰. 何种经历推动数字化：高管学术经历与企业数字化转型 [J]. 经济问题，2022 (10)：1-11. DOI: 10.16011/j.cnki.jjwt.2022.10.001.
[29] 邢占军，曹玉梅，王晓武. 志愿服务组织有效性的维度及影响机制研究 [J]. 厦门大学学报（哲学社会科学版），2022，72 (3)：139-153.
[30] 陈昱达，刘陶. 居民生活方式对自感健康的影响——基于中国综合社会调查

（CGSS2015）的数据分析[J]. 山东体育科技，2021，43（5）：73-78. DOI：10.14105/j.cnki.1009-9840.2021.05.013.

[31] 杨秀勇. 公共服务供给对居民幸福感的影响——基于中国综合社会调查数据的实证分析[J]. 行政与法，2021（8）：84-94.

[32] 涂永前，金旻禛，张晨，等. 城镇低龄老年人力资源开发的影响因素及供需匹配研究——基于北京、天津和济南的调研[J]. 创新，2021，15（1）：9-23.

[33] 丁水平，林杰. 社会化媒体环境下消费者持续信息共享意愿影响因素实证研究——基于信息搜寻和信息分享的同步视角[J]. 情报科学，2020，38（4）：131-139. DOI：10.13833/j.issn.1007-7634.2020.04.020.

[34] 中华人民共和国卫生部. 2010中国卫生统计年鉴[M]. 北京：中国协和医科大学出版社，2010.

[35] 吴增基，吴鹏森，苏振芳. 现代社会调查方法[M]. 上海：上海人民出版社，2018.

[36] 侯典牧. 社会调查研究方法[M]. 北京：北京大学出版社，2014.

[37] 2.64亿！老年人力资源如何开发？[EB/OL].(2021-10-21). http://www.people.com.cn/BIG5/n1/2021/1021/c32306-32260113.html.

[38] 中国日报：开发中老年人力资源是积极应对老龄化的重要举措[EB/OL].(2021-04-08). http://cn.chinadaily.com.cn/a/202104/08/WS606e84b4a3101e7ce9748204.html?ivk_sa=1023197a.

附 录

附录 A　标准正态分布

Z	0.00	0.01	0.02	0.03	0.04	0.05	0.06	0.07	0.08	0.09
0.0	0.000 000	0.007 978	0.015 956	0.023 932	0.031 906	0.039 878	0.047 844	0.055 806	0.063 762	0.071 712
0.1	0.079 656	0.087 590	0.095 516	0.103 434	0.111 340	0.119 236	0.127 118	0.134 990	0.142 848	0.150 690
0.2	0.158 520	0.166 332	0.174 128	0.181 908	0.189 670	0.197 412	0.205 136	0.212 840	0.220 522	0.228 184
0.3	0.235 822	0.243 440	0.251 032	0.258 600	0.266 144	0.273 662	0.281 152	0.288 618	0.296 054	0.303 464
0.4	0.310 844	0.318 194	0.325 514	0.332 804	0.340 062	0.347 290	0.354 484	0.361 644	0.368 772	0.375 866
0.5	0.382 924	0.389 948	0.396 936	0.403 888	0.410 802	0.417 680	0.424 520	0.431 322	0.438 086	0.444 810
0.6	0.451 494	0.458 138	0.464 742	0.471 306	0.477 828	0.484 308	0.490 746	0.497 142	0.503 496	0.509 806
0.7	0.516 072	0.522 296	0.528 476	0.534 610	0.540 700	0.546 746	0.552 746	0.558 700	0.564 610	0.570 472
0.8	0.576 290	0.582 060	0.587 784	0.593 462	0.599 092	0.604 674	0.610 210	0.615 700	0.621 140	0.626 534
0.9	0.631 880	0.637 178	0.642 428	0.647 628	0.652 782	0.657 888	0.662 944	0.667 954	0.672 914	0.677 826
1.0	0.682 690	0.687 504	0.692 272	0.696 990	0.701 660	0.706 282	0.710 856	0.715 380	0.719 858	0.724 286
1.1	0.728 668	0.733 000	0.737 286	0.741 524	0.745 714	0.749 856	0.753 952	0.758 000	0.762 000	0.765 954
1.2	0.769 860	0.773 722	0.777 536	0.781 302	0.785 024	0.788 700	0.792 330	0.795 916	0.799 454	0.802 950
1.3	0.806 400	0.809 804	0.813 164	0.816 482	0.819 754	0.822 984	0.826 170	0.829 314	0.832 414	0.835 472
1.4	0.838 486	0.841 460	0.844 392	0.847 282	0.850 132	0.852 942	0.855 710	0.858 438	0.861 126	0.863 776
1.5	0.866 386	0.868 956	0.871 490	0.873 984	0.876 440	0.878 858	0.881 240	0.883 584	0.885 894	0.888 166
1.6	0.890 402	0.892 602	0.894 768	0.896 898	0.898 994	0.901 058	0.903 086	0.905 080	0.907 042	0.908 972
1.7	0.910 870	0.912 734	0.914 568	0.916 370	0.918 140	0.919 882	0.921 592	0.923 272	0.924 924	0.926 546
1.8	0.928 140	0.929 704	0.931 240	0.932 750	0.934 232	0.935 686	0.937 114	0.938 516	0.939 892	0.941 242
1.9	0.942 566	0.943 866	0.945 142	0.946 394	0.947 620	0.948 824	0.950 004	0.951 162	0.952 296	0.953 410
2.0	0.954 500	0.955 568	0.956 616	0.957 644	0.958 650	0.959 636	0.960 602	0.961 548	0.962 474	0.963 382
2.1	0.964 272	0.965 142	0.965 994	0.966 828	0.967 646	0.968 444	0.969 228	0.969 994	0.970 742	0.971 476
2.2	0.972 194	0.972 894	0.973 582	0.974 252	0.974 910	0.975 552	0.976 178	0.976 792	0.977 392	0.977 978
2.3	0.978 552	0.979 112	0.979 660	0.980 194	0.980 716	0.981 226	0.981 726	0.982 212	0.982 688	0.983 152
2.4	0.983 604	0.984 048	0.984 480	0.984 902	0.985 312	0.985 714	0.986 106	0.986 488	0.986 862	0.987 226
2.5	0.987 580	0.987 926	0.988 264	0.988 594	0.988 914	0.989 228	0.989 532	0.989 830	0.990 120	0.990 402
2.6	0.990 678	0.990 946	0.991 208	0.991 462	0.991 710	0.991 950	0.992 186	0.992 414	0.992 638	0.992 854
2.7	0.993 066	0.993 272	0.993 472	0.993 666	0.993 856	0.994 040	0.994 220	0.994 394	0.994 564	0.994 730
2.8	0.994 890	0.995 046	0.995 198	0.995 346	0.995 488	0.995 628	0.995 764	0.995 896	0.996 024	0.996 148
2.9	0.996 268	0.996 386	0.996 500	0.996 610	0.996 718	0.996 822	0.996 924	0.997 022	0.997 118	0.997 210

续表

Z	0.00	0.01	0.02	0.03	0.04	0.05	0.06	0.07	0.08	0.09
3.0	0.997 300	0.997 388	0.997 472	0.997 554	0.997 634	0.997 712	0.997 786	0.997 860	0.997 930	0.997 998
3.1	0.998 064	0.998 130	0.998 192	0.998 252	0.998 310	0.998 368	0.998 422	0.998 476	0.998 528	0.998 578
3.2	0.998 626	0.998 672	0.998 718	0.998 762	0.998 804	0.998 846	0.998 886	0.998 924	0.998 962	0.998 998
3.3	0.999 034	0.999 068	0.999 100	0.999 132	0.999 162	0.999 192	0.999 220	0.999 248	0.999 276	0.999 302
3.4	0.999 326	0.999 350	0.999 374	0.999 396	0.999 418	0.999 440	0.999 460	0.999 480	0.999 498	0.999 516
3.5	0.999 534	0.999 552	0.999 568	0.999 584	0.999 600	0.999 614	0.999 630	0.999 644	0.999 656	0.999 670
3.6	0.999 682	0.999 694	0.999 706	0.999 716	0.999 728	0.999 738	0.999 748	0.999 758	0.999 766	0.999 776
3.7	0.999 784	0.999 792	0.999 800	0.999 808	0.999 816	0.999 824	0.999 830	0.999 836	0.999 844	0.999 850
3.8	0.999 856	0.999 862	0.999 866	0.999 872	0.999 876	0.999 882	0.999 886	0.999 892	0.999 896	0.999 900
3.9	0.999 904	0.999 908	0.999 912	0.999 916	0.999 918	0.999 922	0.999 926	0.999 928	0.999 932	0.999 934
4.0	0.999 936	0.999 940	0.999 942	0.999 944	0.999 946	0.999 948	0.999 950	0.999 952	0.999 954	0.999 956
4.1	0.999 958	0.999 960	0.999 962	0.999 964	0.999 966	0.999 966	0.999 968	0.999 970	0.999 970	0.999 972
4.2	0.999 974	0.999 974	0.999 976	0.999 976	0.999 978	0.999 978	0.999 980	0.999 980	0.999 982	0.999 982
4.3	0.999 982	0.999 984	0.999 984	0.999 986	0.999 986	0.999 986	0.999 986	0.999 988	0.999 988	0.999 988
4.4	0.999 990	0.999 990	0.999 990	0.999 990	0.999 992	0.999 992	0.999 992	0.999 992	0.999 992	0.999 992
4.5	0.999 994	0.999 994	0.999 994	0.999 994	0.999 994	0.999 994	0.999 994	0.999 996	0.999 996	0.999 996
4.6	0.999 996	0.999 996	0.999 996	0.999 996	0.999 996	0.999 996	0.999 996	0.999 996	0.999 998	0.999 998
4.7	0.999 998	0.999 998	0.999 998	0.999 998	0.999 998	0.999 998	0.999 998	0.999 998	0.999 998	0.999 998
4.8	0.999 998	0.999 998	0.999 998	0.999 998	0.999 998	0.999 998	0.999 998	0.999 998	0.999 998	0.999 998
4.9	1.000 000	1.000 000	1.000 000	1.000 000	1.000 000	1.000 000	1.000 000	1.000 000	1.000 000	1.000 000

附录 B χ^2 分布

df	0.995	0.99	0.975	0.95	0.9	0.1	0.05	0.025	0.01	0.005
1	0.000 04	0.000 16	0.001	0.004	0.016	2.706	3.841	5.024	6.635	7.879
2	0.010	0.020	0.051	0.103	0.211	4.605	5.991	7.378	9.210	10.597
3	0.072	0.115	0.216	0.352	0.584	6.251	7.815	9.348	11.345	12.838
4	0.207	0.297	0.484	0.711	1.064	7.779	9.488	11.143	13.277	14.860
5	0.412	0.554	0.831	1.145	1.610	9.236	11.070	12.833	15.086	16.750
6	0.676	0.872	1.237	1.635	2.204	10.645	12.592	14.449	16.812	18.548
7	0.989	1.239	1.690	2.167	2.833	12.017	14.067	16.013	18.475	20.278
8	1.344	1.646	2.180	2.733	3.490	13.362	15.507	17.535	20.090	21.955
9	1.735	2.088	2.700	3.325	4.168	14.684	16.919	19.023	21.666	23.589
10	2.156	2.558	3.247	3.940	4.865	15.987	18.307	20.483	23.209	25.188
11	2.603	3.053	3.816	4.575	5.578	17.275	19.675	21.920	24.725	26.757
12	3.074	3.571	4.404	5.226	6.304	18.549	21.026	23.337	26.217	28.300
13	3.565	4.107	5.009	5.892	7.042	19.812	22.362	24.736	27.688	29.819
14	4.075	4.660	5.629	6.571	7.790	21.064	23.685	26.119	29.141	31.319
15	4.601	5.229	6.262	7.261	8.547	22.307	24.996	27.488	30.578	32.801
16	5.142	5.812	6.908	7.962	9.312	23.542	26.296	28.845	32.000	34.267
17	5.697	6.408	7.564	8.672	10.085	24.769	27.587	30.191	33.409	35.718
18	6.265	7.015	8.231	9.390	10.865	25.989	28.869	31.526	34.805	37.156
19	6.844	7.633	8.907	10.117	11.651	27.204	30.144	32.852	36.191	38.582
20	7.434	8.260	9.591	10.851	12.443	28.412	31.410	34.170	37.566	39.997
21	8.034	8.897	10.283	11.591	13.240	29.615	32.671	35.479	38.932	41.401
22	8.643	9.542	10.982	12.338	14.041	30.813	33.924	36.781	40.289	42.796
23	9.260	10.196	11.689	13.091	14.848	32.007	35.172	38.076	41.638	44.181
24	9.886	10.856	12.401	13.848	15.659	33.196	36.415	39.364	42.980	45.559
25	10.520	11.524	13.120	14.611	16.473	34.382	37.652	40.646	44.314	46.928
26	11.160	12.198	13.844	15.379	17.292	35.563	38.885	41.923	45.642	48.290
27	11.808	12.879	14.573	16.151	18.114	36.741	40.113	43.195	46.963	49.645
28	12.461	13.565	15.308	16.928	18.939	37.916	41.337	44.461	48.278	50.993
29	13.121	14.256	16.047	17.708	19.768	39.087	42.557	45.722	49.588	52.336

续表

df	0.995	0.99	0.975	0.95	0.9	0.1	0.05	0.025	0.01	0.005
30	13.787	14.953	16.791	18.493	20.599	40.256	43.773	46.979	50.892	53.672
40	20.707	22.164	24.433	26.509	29.051	51.805	55.758	59.342	63.691	66.766
50	27.991	29.707	32.357	34.764	37.689	63.167	67.505	71.420	76.154	79.490
60	35.534	37.485	40.482	43.188	46.459	74.397	79.082	83.298	88.379	91.952
70	43.275	45.442	48.758	51.739	55.329	85.527	90.531	95.023	100.425	104.215
80	51.172	53.540	57.153	60.391	64.278	96.578	101.879	106.629	112.329	116.321
90	59.196	61.754	65.647	69.126	73.291	107.565	113.145	118.136	124.116	128.299
100	67.328	70.065	74.222	77.929	82.358	118.498	124.342	129.561	135.807	140.169

附录 C　t 分布

单侧	75%	80%	85%	90%	95%	97.50%	99%	99.50%	99.75%	99.90%	99.95%
双侧	50%	60%	70%	80%	90%	95%	98%	99%	99.50%	99.80%	99.90%
1	1.000	1.376	1.963	3.078	6.314	12.710	31.820	63.660	127.300	318.300	636.600
2	0.816	1.061	1.386	1.886	2.920	4.303	6.965	9.925	14.090	22.330	31.600
3	0.765	0.978	1.250	1.638	2.353	3.182	4.541	5.841	7.453	10.210	12.920
4	0.741	0.941	1.190	1.533	2.132	2.776	3.747	4.604	5.598	7.173	8.610
5	0.727	0.920	1.156	1.476	2.015	2.571	3.365	4.032	4.773	5.893	6.869
6	0.718	0.906	1.134	1.440	1.943	2.447	3.143	3.707	4.317	5.208	5.959
7	0.711	0.896	1.119	1.415	1.895	2.365	2.998	3.499	4.029	4.785	5.408
8	0.706	0.889	1.108	1.397	1.860	2.306	2.896	3.355	3.833	4.501	5.041
9	0.703	0.883	1.100	1.383	1.833	2.262	2.821	3.250	3.690	4.297	4.781
10	0.700	0.879	1.093	1.372	1.812	2.228	2.764	3.169	3.581	4.144	4.587
11	0.697	0.876	1.088	1.363	1.796	2.201	2.718	3.106	3.497	4.025	4.437
12	0.695	0.873	1.083	1.356	1.782	2.179	2.681	3.055	3.428	3.930	4.318
13	0.694	0.870	1.079	1.350	1.771	2.160	2.650	3.012	3.372	3.852	4.221
14	0.692	0.868	1.076	1.345	1.761	2.145	2.624	2.977	3.326	3.787	4.140
15	0.691	0.866	1.074	1.341	1.753	2.131	2.602	2.947	3.286	3.733	4.073
16	0.69	0.865	1.071	1.337	1.746	2.120	2.583	2.921	3.252	3.686	4.015
17	0.689	0.863	1.069	1.333	1.740	2.110	2.567	2.898	3.222	3.646	3.965
18	0.688	0.862	1.067	1.33	1.734	2.101	2.552	2.878	3.197	3.610	3.922
19	0.688	0.861	1.066	1.328	1.729	2.093	2.539	2.861	3.174	3.579	3.883
20	0.687	0.860	1.064	1.325	1.725	2.086	2.528	2.845	3.153	3.552	3.850
21	0.686	0.859	1.063	1.323	1.721	2.080	2.518	2.831	3.135	3.527	3.819
22	0.686	0.858	1.061	1.321	1.717	2.074	2.508	2.819	3.119	3.505	3.792
23	0.685	0.858	1.06	1.319	1.714	2.069	2.500	2.807	3.104	3.485	3.767
24	0.685	0.857	1.059	1.318	1.711	2.064	2.492	2.797	3.091	3.467	3.745
25	0.684	0.856	1.058	1.316	1.708	2.060	2.485	2.787	3.078	3.45	3.725
26	0.684	0.856	1.058	1.315	1.706	2.056	2.479	2.779	3.067	3.435	3.707
27	0.684	0.855	1.057	1.314	1.703	2.052	2.473	2.771	3.057	3.421	3.690
28	0.683	0.855	1.056	1.313	1.701	2.048	2.467	2.763	3.047	3.408	3.674
29	0.683	0.854	1.055	1.311	1.699	2.045	2.462	2.756	3.038	3.396	3.659

续表

单侧	75%	80%	85%	90%	95%	97.50%	99%	99.50%	99.75%	99.90%	99.95%
30	0.683	0.854	1.055	1.310	1.697	2.042	2.457	2.750	3.030	3.385	3.646
40	0.681	0.851	1.050	1.303	1.684	2.021	2.423	2.704	2.971	3.307	3.551
50	0.679	0.849	1.047	1.299	1.676	2.009	2.403	2.678	2.937	3.261	3.496
60	0.679	0.848	1.045	1.296	1.671	2.000	2.390	2.660	2.915	3.232	3.460
80	0.678	0.846	1.043	1.292	1.664	1.990	2.374	2.639	2.887	3.195	3.416
100	0.677	0.845	1.042	1.290	1.660	1.984	2.364	2.626	2.871	3.174	3.390
120	0.677	0.845	1.041	1.289	1.658	1.980	2.358	2.617	2.860	3.160	3.373

附录 D F 分布

df2 \ df1	1	2	3	4	5	6	8	12	24	∞
					α = 0.05					
1	161.40	199.50	215.70	224.60	230.20	234.00	238.90	243.90	249.00	254.30
2	18.51	19.00	19.16	19.25	19.30	19.33	19.37	19.41	19.45	19.50
3	10.13	9.55	9.28	9.12	9.01	8.94	8.84	8.74	8.64	8.53
4	7.71	6.94	6.59	6.39	6.26	6.16	6.04	5.91	5.77	5.63
5	6.61	5.79	5.41	5.19	5.05	4.95	4.82	4.68	4.53	4.36
6	5.99	5.14	4.76	4.53	4.39	4.28	4.15	4.00	3.84	3.67
7	5.59	4.74	4.35	4.12	3.97	3.87	3.73	3.57	3.41	3.23
8	5.32	4.46	4.07	3.84	3.69	3.58	3.44	3.28	3.12	2.93
9	5.12	4.26	3.86	3.63	3.48	3.37	3.23	3.07	2.90	2.71
10	4.96	4.10	3.71	3.48	3.33	3.22	3.07	2.91	2.74	2.54
11	4.84	3.98	3.59	3.36	3.20	3.09	2.95	2.79	2.61	2.40
12	4.75	3.88	3.49	3.26	3.11	3.00	2.85	2.69	2.50	2.30
13	4.67	3.80	3.41	3.18	3.02	2.92	2.77	2.60	2.42	2.21
14	4.60	3.74	3.34	3.11	2.96	2.85	2.70	2.53	2.35	2.13
15	4.54	3.68	3.29	3.06	2.90	2.79	2.64	2.48	2.29	2.07
16	4.49	3.63	3.24	3.01	2.85	2.74	2.59	2.42	2.24	2.01
17	4.45	3.59	3.20	2.96	2.81	2.70	2.55	2.38	2.19	1.96
18	4.41	3.55	3.16	2.93	2.77	2.66	2.51	2.34	2.15	1.92
19	4.38	3.52	3.13	2.90	2.74	2.63	2.48	2.31	2.11	1.88
20	4.35	3.49	3.10	2.87	2.71	2.60	2.45	2.28	2.08	1.84
21	4.32	3.47	3.07	2.84	2.68	2.57	2.42	2.25	2.05	1.81
22	4.30	3.44	3.05	2.82	2.66	2.55	2.40	2.23	2.03	1.78
23	4.28	3.42	3.03	2.80	2.64	2.53	2.38	2.20	2.00	1.76
24	4.26	3.40	3.01	2.78	2.62	2.51	2.36	2.18	1.98	1.73
25	4.24	3.38	2.99	2.76	2.60	2.49	2.34	2.16	1.96	1.71
26	4.22	3.37	2.98	2.74	2.59	2.47	2.32	2.15	1.95	1.69
27	4.21	3.35	2.96	2.73	2.57	2.46	2.30	2.13	1.93	1.67
28	4.20	3.34	2.95	2.71	2.56	2.44	2.29	2.12	1.91	1.65

续表

$\alpha=0.05$										
df2 \ df1	1	2	3	4	5	6	8	12	24	∞
29	4.18	3.33	2.93	2.70	2.54	2.43	2.28	2.10	1.90	1.64
30	4.17	3.32	2.92	2.69	2.53	2.42	2.27	2.09	1.89	1.62
40	4.08	3.23	2.84	2.61	2.45	2.34	2.18	2.00	1.79	1.51
60	4.00	3.15	2.76	2.52	2.37	2.25	2.10	1.92	1.70	1.39
120	3.92	3.07	2.68	2.45	2.29	2.17	2.02	1.83	1.61	1.25
∞	3.84	2.99	2.60	2.37	2.21	2.09	1.94	1.75	1.52	1.00

$\alpha=0.01$										
df2 \ df1	1	2	3	4	5	6	8	12	24	∞
1	4 052	4 999	5 403	5 625	5 764	5 859	5 981	6 106	6 234	6 366
2	98.49	99.01	99.17	99.25	99.30	99.33	99.36	99.42	99.46	99.50
3	34.12	30.81	29.46	28.71	28.24	27.91	27.49	27.05	26.60	26.12
4	21.20	18.00	16.69	15.98	15.52	15.21	14.80	14.37	13.93	13.46
5	16.26	13.27	12.06	11.39	10.97	10.67	10.27	9.89	9.47	9.02
6	13.74	10.92	9.78	9.15	8.75	8.47	8.10	7.72	7.31	6.88
7	12.25	9.55	8.45	7.85	7.46	7.19	6.84	6.47	6.07	5.65
8	11.26	8.65	7.59	7.01	6.63	6.37	6.03	5.67	5.28	4.86
9	10.56	8.02	6.99	6.42	6.06	5.80	5.47	5.11	4.73	4.31
10	10.04	7.56	6.55	5.99	5.64	5.39	5.06	4.71	4.33	3.91
11	9.65	7.20	6.22	5.67	5.32	5.07	4.74	4.40	4.02	3.60
12	9.33	6.93	5.95	5.41	5.06	4.82	4.50	4.16	3.78	3.36
13	9.07	6.70	5.74	5.20	4.86	4.62	4.30	3.96	3.59	3.16
14	8.86	6.51	5.56	5.03	4.69	4.46	4.14	3.80	3.43	3.00
15	8.68	6.36	5.42	4.89	4.56	4.32	4.00	3.67	3.29	2.87
16	8.53	6.23	5.29	4.77	4.44	4.20	3.89	3.55	3.18	2.75
17	8.40	6.11	5.18	4.67	4.34	4.10	3.79	3.45	3.08	2.65
18	8.28	6.01	5.09	4.58	4.25	4.01	3.71	3.37	3.00	2.57
19	8.18	5.93	5.01	4.50	4.17	3.94	3.63	3.30	2.92	2.49
20	8.10	5.85	4.94	4.43	4.10	3.87	3.56	3.23	2.86	2.42
21	8.02	5.78	4.87	4.37	4.04	3.81	3.51	3.17	2.80	2.36
22	7.94	5.72	4.82	4.31	3.99	3.76	3.45	3.12	2.75	2.31

续表

$\alpha = 0.01$										
df2 \ df1	1	2	3	4	5	6	8	12	24	∞
23	7.88	5.66	4.76	4.26	3.94	3.71	3.41	3.07	2.70	2.26
24	7.82	5.61	4.72	4.22	3.90	3.67	3.36	3.03	2.66	2.21
25	7.77	5.57	4.68	4.18	3.86	3.63	3.32	2.99	2.62	2.17
26	7.72	5.53	4.64	4.14	3.82	3.59	3.29	2.96	2.58	2.13
27	7.68	5.49	4.60	4.11	3.78	3.56	3.26	2.93	2.55	2.10
28	7.64	5.45	4.57	4.07	3.75	3.53	3.23	2.90	2.52	2.06
29	7.60	5.42	4.54	4.04	3.73	3.50	3.20	2.87	2.49	2.03
30	7.56	5.39	4.51	4.02	3.70	3.47	3.17	2.84	2.47	2.01
40	7.31	5.18	4.31	3.83	3.51	3.29	2.99	2.66	2.29	1.80
60	7.08	4.98	4.13	3.65	3.34	3.12	2.82	2.50	2.12	1.60
120	6.85	4.79	3.95	3.48	3.17	2.96	2.66	2.34	1.95	1.38
∞	6.64	4.60	3.78	3.32	3.02	2.80	2.51	2.18	1.79	1.00

$\alpha = 0.001$										
df2 \ df1	1	2	3	4	5	6	8	12	24	∞
1	405 284	500 000	540 379	562 500	576 405	585 937	598 144	610 667	623 497	636 619
2	998.5	999.0	999.2	999.2	999.3	999.3	999.4	999.4	999.5	999.5
3	167.5	148.5	141.1	137.1	134.6	132.8	130.6	128.3	125.9	123.5
4	74.14	61.25	56.18	53.44	51.71	50.53	49.00	47.41	45.77	44.05
5	47.04	36.61	33.20	31.09	29.75	28.84	27.64	26.42	25.14	23.78
6	35.51	27.00	23.70	21.90	20.81	20.03	19.03	17.99	16.89	15.75
7	29.22	21.69	18.77	17.19	16.21	15.52	14.63	13.71	12.73	11.69
8	25.42	18.49	15.83	14.39	13.49	12.86	12.04	11.19	10.30	9.34
9	22.86	16.39	13.90	12.56	11.71	11.13	10.37	9.57	8.72	7.81
10	21.04	14.91	12.55	11.28	10.48	9.92	9.20	8.45	7.64	6.76
11	19.69	13.81	11.56	10.35	9.58	9.05	8.35	7.63	6.85	6.00
12	18.64	12.97	10.80	9.63	8.89	8.38	7.71	7.00	6.25	5.42
13	17.81	12.31	10.21	9.07	8.35	7.86	7.21	6.52	5.78	4.97
14	17.14	11.78	9.73	8.62	7.92	7.43	6.80	6.13	5.41	4.60
15	16.59	11.34	9.34	8.25	7.57	7.09	6.47	5.81	5.10	4.31
16	16.12	10.97	9.00	7.94	7.27	6.81	6.19	5.55	4.85	4.06

续表

df2 \ df1	1	2	3	4	5	6	8	12	24	∞
\multicolumn{11}{c}{$\alpha = 0.001$}
17	15.72	10.66	8.73	7.68	7.02	6.56	5.96	5.32	4.63	3.85
18	15.38	10.39	8.49	7.46	6.81	6.35	5.76	5.13	4.45	3.67
19	15.08	10.16	8.28	7.26	6.61	6.18	5.59	4.97	4.29	3.52
20	14.82	9.95	8.10	7.10	6.46	6.02	5.44	4.82	4.15	3.38
21	14.59	9.77	7.94	6.95	6.32	5.88	5.31	4.70	4.03	3.26
22	14.38	9.61	7.80	6.81	6.19	5.76	5.19	4.58	3.92	3.15
23	14.19	9.47	7.67	6.69	6.08	5.65	5.09	4.48	3.82	3.05
24	14.03	9.34	7.55	6.59	5.98	5.55	4.99	4.39	3.74	2.97
25	13.88	9.22	7.45	6.49	5.88	5.46	4.91	4.31	3.66	2.89
26	13.74	9.12	7.36	6.41	5.80	5.38	4.83	4.24	3.59	2.82
27	13.61	9.02	7.27	6.33	5.73	5.31	4.76	4.17	3.52	2.75
28	13.50	8.93	7.19	6.25	5.66	5.24	4.69	4.11	3.46	2.70
29	13.39	8.85	7.12	6.19	5.59	5.18	4.64	4.05	3.41	2.64
30	13.29	8.77	7.05	6.12	5.58	5.12	4.58	4.00	3.36	2.59
40	12.61	8.25	6.60	5.70	5.13	4.73	4.21	3.64	3.01	2.23
60	11.97	7.76	6.17	5.31	4.76	4.37	3.87	3.31	2.69	1.90
120	11.38	7.31	5.79	4.95	4.42	4.04	3.55	3.02	2.40	1.56
∞	10.83	6.91	5.42	4.62	4.10	3.74	3.27	2.74	2.13	1.00